厦门牌匾集锦

凤章

国家一级出版社 全国百佳图书出版单位

厦门大学出版社

柯盛世 编

厦门文化遗产中的"活化石"

——《厦门牌匾集锦》序

彭一万

牌匾（匾额）是中华民族独有的民俗文化精品，其历史沿革可以用"先秦萌芽，两汉形成，唐宋发展，明清成熟"来概括。它在历代政治、经济、文化、社会生活中占有重要的地位，举凡帝典王猷、宗教信仰、风俗民情、史地典故、个人抒怀等等，无不包括；又融书法、雕刻、装饰、建筑、园林于一炉，呈现综合美，成为弥足珍贵的文化遗产。

牌匾最早出现于春秋战国时期，那都是"官匾"。当时名称不一，至秦，称"署书"，即题于门首的文字。据说，这源于先秦诸子关于"名"的学说，孔夫子就说过："名不正则言不顺。""名学"的三个基本点是以"名"来识别万物，以"名"来区分贵贱尊卑，以"名"来褒扬善良。自秦以后，历代帝王将相都十分注重用牌匾（匾额）赐名褒扬，以文治国。宋代以后，由于经济发展、文化兴盛，产生了民间的"私匾"和"商匾"，标识品逐渐演化成工艺品、奢侈品。所以说，牌匾（匾额）的产生和发展，是社会进步、文化繁荣、经济发展的结果，牌匾的兴衰折射了国家民族的兴衰。

厦门地区的牌匾最早出现于何时，目前无法论定。依我之见，最早可能出现于西汉。西汉武帝元鼎四年（公元前113年），朝廷派左翊将军许滢率兵"入闽讨越，开辟同安"，后又奉令"永镇斯土"，授封上柱国"镇闽都督"。因此，在同安城里有许督祠堂，在城郊西山有许滢陵墓，2007年被列入厦门市涉台文物保护单位。我想，基于当时的帝王思想、正名学说及流行做法，不可能不授牌匾（匾额），仅仅是因为年代久远损毁罢了。目前，在厦门见到的牌匾，最早的就是宋代的了；而许多牌匾又分散在各个角落、各个部门、各个单位、各个家庭，我们只能管中窥豹，以测一斑。

如今，柯盛世同志经过两年多的劳作，花费了自身的体力、脑力和财力，以巨大的毅力，走遍了厦门的大街小巷、各个角落，收集了牌匾2100多方，编辑出版，让我们见到"全豹"，实在是一件赏心悦目之事。这本书填补了厦门的一项空白，在八闽大地上也可能是第一炮，这不能不让我们感到由衷的高兴，并表示热烈的祝贺。这本书是厦门文化遗产中的一块"活化石"，从中体现的文化性、民俗性、哲理性，十分突出。这些牌匾，是厦门的人文记录，展示了厦门的民间艺术，让我们想象先民的精神智慧，抚触厦门的历史脉搏，为厦门的文史研究提供丰富的实物见证。

近年来，我国的牌匾（匾额）收藏、展示和研究工作，出现了可喜的成果。全国各地已有近10座匾额博物馆，展出的匾额数以万计，有竹木、砖石、陶瓷、金属、琉璃、丝织、纸等材质；其书艺、工艺都给人以强烈的美感。从内容到形式，积攒着丰富的思想感情、审美意识和意境韵味，充分体现了它们的独特价值，即具有实用价值、艺术价值、收藏价值乃至文物价值、历史价值、学术价值。全国已出版的匾额图书几十本，其中研究性图书数部，而研究学者也不乏其人，有的大学还设置了专门课程或研究课题。

在匾额调查研究方面，台湾的工作做得早、做得好、做得广、做得深。20世纪90年代，台湾"文建会"就主持台澎金马地区匾联的全面调查研究工作，出版了80多万字的综合性研究专著，许多名胜古迹、园林景区、官庙祠堂、书院宅邸，也出版了单体性的专著。他们甚至到澳门进行匾联的调查研究，出版了《澳门的匾联文化》一书。柯盛世同志在本书中，收录了"闽台民俗文化古镇"牌匾，这是台胞洪明章先生在集美区后溪镇所建海峡两岸民俗博物馆的藏品，记载了两岸的文化渊源和血肉亲情，十分可贵。其中，有1935年《厦门名胜摄影大观》（厦门大学校长林文庆题写书名）出版时，名人巴世凯（英国人，时任鼓浪屿工部局局长）、马尔定（英国人，时任英国驻厦领事、代理总领事）、黄燧弼（时任厦门美专校长）、林国庚（时任漳厦海军警备司令兼厦门要港司令）等人的题匾；有林森（时任国民政府主席）、何应钦（国民党著名将领）、陈仪（国民党著名将领）、马英九、连战等人的题匾，都深具价值，成为本书的一大亮点。当然，今后还可以继续调查、收集、研究，以求完备、完善、完美，更好地发挥承上启下、继往开来的作用。

阅读本书，从中理解深厚的中华传统文化，探寻浓郁的厦门民俗风情，领略华丽的经典文辞诗句，欣赏精湛的书法装饰艺术，体会古老的交往礼仪道德，是一种全方位的精神享受。作者此书及之前编辑、出版的《厦门名胜楹联集锦》、《厦门楹联大观》，为厦门人民立命，为厦门文化继绝学，让我肃然起敬！

2012年端午节于鹭江天风阁

目　录

寺宇宫观 79

领荣题词

壬辰年 浩英士书

厦门警备区炮团毛泽东题词牌

厦门水警区毛泽东、邓小平、江泽民题词牌

某机关大堂邓小平题词牌

毛泽东 题 邓小平 书

厦门警备区军人俱乐部匾额 董必武 题

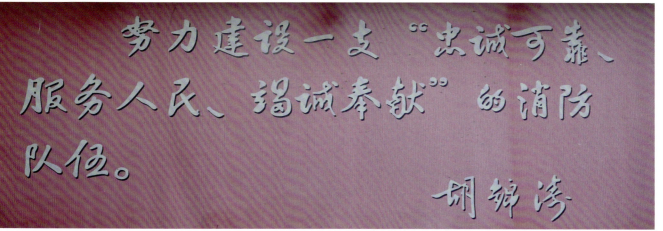

思明消防大队厦港中队胡锦涛题词牌

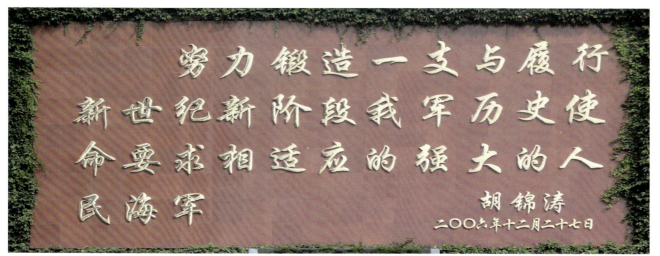

厦门水警区胡锦涛题词牌

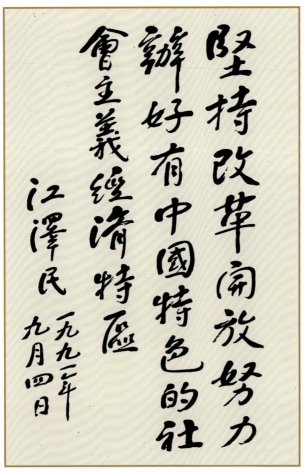

坚持改革开放努力办好有中国特色的社会主义经济特区

江泽民 一九九二年九月四日

厦门经济特区成立十周年 江泽民 题词

弘扬雷锋精神 建设保卫特区

江泽民 一九九六年十二月厦门

厦门警备区鼓浪屿好八连江泽民题词牌

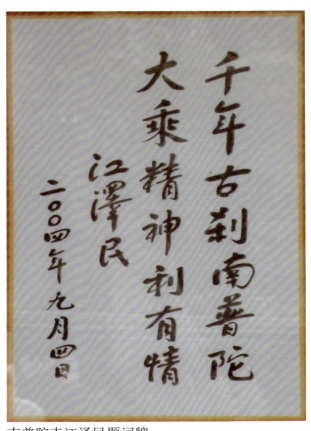

千年古刹南普陀 大乘精神刹有情

江泽民 二〇〇四年九月四日

南普陀寺江泽民题词牌

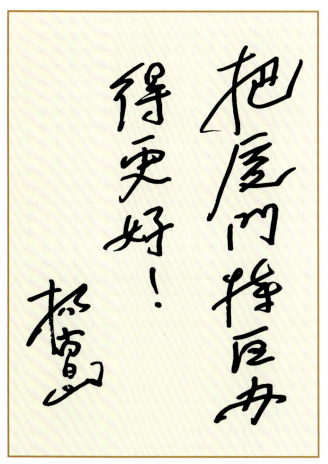

把厦门特区办得更好！

杨尚昆

厦门经济特区成立十周年 杨尚昆 题词

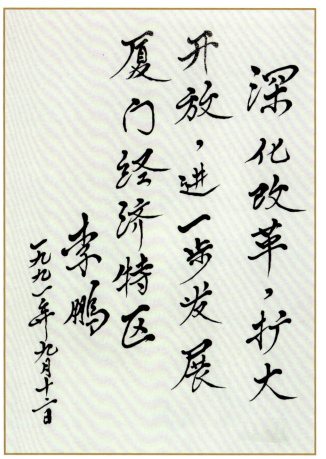

深化改革，扩大开放，进一步发展厦门经济特区

李鹏

一九九一年九月十二日

厦门经济特区成立十周年 李 鹏 题词

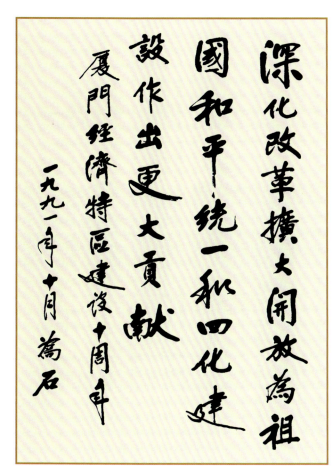

深化改革扩大开放为祖国和平统一和四化建设作出更大贡献

厦门经济特区建设十周年

一九九一年十月 乔石

厦门经济特区成立十周年 乔 石 题词

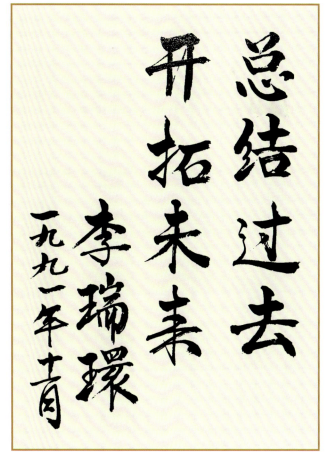

总结过去 开拓未来

李瑞环

一九九一年十月

厦门经济特区成立十周年 李瑞环 题词

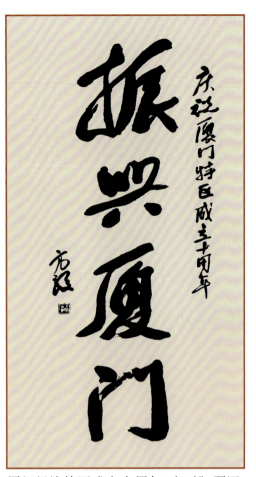

庆祝厦门特区成立十周年

振兴厦门

厦门经济特区成立十周年　方　毅　题词

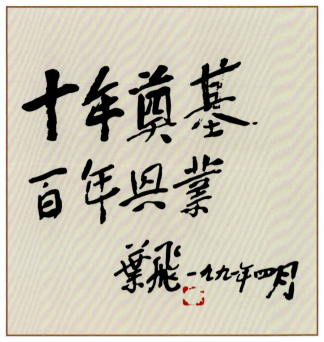

基业奠基十年
百年兴业
十年

叶飞　一九九一年四月

厦门经济特区成立十周年　叶　飞　题词

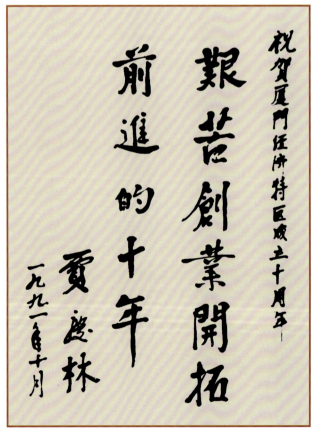

祝贺厦门经济特区成立十周年

艰苦创业开拓
前进的十年

贾庆林
一九九一年十月

厦门经济特区成立十周年　贾庆林　题词

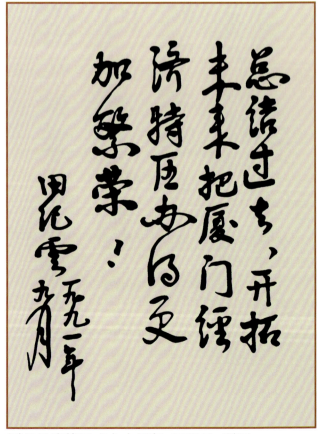

总结过去，开拓
未来把厦门经
济特区办得更
加繁荣！

田纪云　一九九一年九月

厦门经济特区成立十周年　田纪云　题词

祝厦門经济特区日新月异亦得更好　王震

厦门经济特区成立十周年　王　震　题词

進一步改革开放　陈丕显　一九九一年十月

厦门经济特区成立十周年
陈丕显　题词

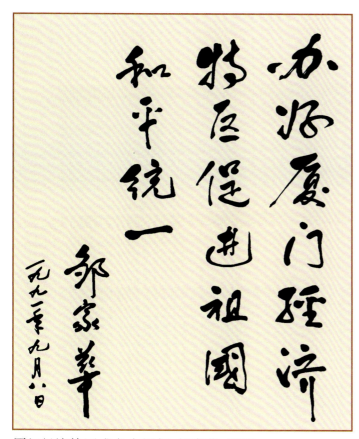

办好厦门经济特区促进祖国和平统一　邹家华　一九九二年九月八日

厦门经济特区成立十周年　邹家华　题词

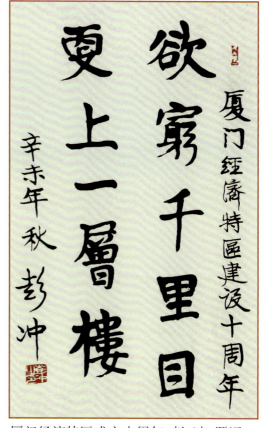

欲穷千里目更上一层楼　厦门经济特区建设十周年　辛未年秋　彭冲

厦门经济特区成立十周年　彭　冲　题词

马约翰纪念馆 吴邦国 题

厦门眼科中心 卢嘉锡 题（位于厦禾路336号）

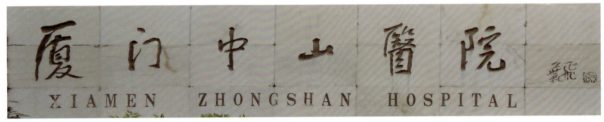

厦门中山医院 叶 飞 题（位于湖滨南路205号）

厦门口腔医院 叶 飞 题（位于思明区斗西路2号）

厦门市总工会大堂陈毅题词牌

闽南大厦 王兆国 题 (位于湖滨一里26号)

光大银行大厦 王光英 题 (位于湖滨南路81号)

大同中学 卢嘉锡 题 (位于思明区兴华路2号)

厦门双十中学梦飞图书馆
方 毅 题

厦门总工会旧址 叶 飞 题 (位于思明区大同路土堆巷)

邓颖超为白鹭宾馆命名

普利花园大厦 程思远 题
(位于白鹭洲路97-201号)

万寿宾馆 迟浩田 题（位于万寿路18号）

永志铭心 迟浩田 题

注：厦门烈士陵园有革命烈士纪念碑、烈士陵园、安业民陵园及厦门革命烈士陈列馆，标志着厦门人民对先烈的永恒怀念。厦门革命烈士纪念碑建于1954年10月，占地面积2100多平方米，高24米，用精工雕琢的花岗岩砌成，碑心石上镌刻1951年3月时任华东军区司令员陈毅来厦门视察题写的"先烈雄风永镇海疆"八个镏金大字。

东卉花园 杨成武 题（位于筼筜路中段）

奔马新村 杨成武 题（位于禾祥东路）

光华大厦 叶 飞 题（位于禾祥西路68—72号）

鸿翔大厦 张爱萍 题（位于湖滨南路258号）

小背篓酒店匾额 费孝通 题（位于思明区禾祥东路）

外贸大厦 彭 冲题（位于湖滨北路15号）

厦门市舒友海鲜大酒楼有限公司 程思远 题

厦门前埔医院　吴阶平　题

厦门中医院　韩启德　题

厦门市民立小学　郭沫若　题（位于思明区升平路1号）

华侨博物院匾额　廖承志　题

注：华侨博物院位于思明南路493号。由著名爱国华侨领袖陈嘉庚亲手创办，爱国华侨捐资兴建，占地面积约6万平方米，主楼全长100米，宽10米，高6层，由花岗岩砌就宫殿式大楼，1959年5月正式开放，被誉为"世界上独一无二"，是爱国主义教育基地，文物重点保护单位。

厦门园林植物园

    厦门园林植物园　国家级重点风景名胜区。位于厦门岛南部，始建于1960年，方圆30平方千米，园内有优美的热带、亚热带植物群落，松杉园、蔷薇园、百花厅、棕榈植物区，万石湖的一泓清水，园林景观令人陶醉，寺宇亭榭众多，古迹遍布。园艺品种众多，万紫千红，山色湖光，引人入胜。

厦门园林植物园　茅　盾　题

百花厅　张人希　书

仰止亭　王文吉　题

半山亭　吴孙权　书

延年亭　黄振辉　书

根艺馆馆藏牌匾

幸福亭 高 怀 书

三友亭 黄振辉 书

澄心亭 罗 钟 题

滴翠亭 罗 钟 题

适然亭 白 磊 题

宁夏亭 黄振辉 书

中 山 公 园

  中山公园 始建于1927年，1931年竣工，占地面积达11万平方米，是厦门最早、最著名的休闲公园，2008年被评为国家重点公园。80多年来，它一直以规模最大、设计精巧、布局优美的风格蜚声海内外。公园是为纪念孙中山先生"天下为公"的伟大精神而建，故名中山公园。

中山公园 罗 丹 书

公园内根艺馆匾额 张承锦 书

孙中山纪念碑匾额

孙中山纪念碑匾额

孙中山纪念碑匾额

孙中山纪念碑匾额

注：公园东门内的华表，即孙中山纪念碑，由王永朝捐资倡建。碑高17米，上面镌刻颂扬孙中山"天下为公"、"天地正气"伟大精神的四方匾额。华表南面刻有王永朝捐资倡建的碑记。

注：中山公园内建有12座桥（现存11座），有玉蝀桥、廷洽桥、鼎足桥、东辰桥、西瑞桥、平安桥、蓼花桥、涵春桥、晓春桥、荷庵桥和星河桥。11座桥中晓春桥和鼎足桥最具特色。鼎足桥亭为三柱六角，桥面鼎足三通。廷洽桥是以真实人名林廷洽命名的，桥头树碑立传。

根艺馆 孙 煌 书

花展馆 孙 煌 书

中 山 路

    中山路　由华侨投资兴建于20世纪20年代，全长1200米，宽15米。几十年来，因其独特的骑楼建筑风格和密集的大小商店，成为厦门商业和旅游的窗口，改为步行街以来，日客流量突破30万人。繁华的中山路商圈，是厦门的商业中心，有丰富的文化底蕴，是中华十大名街之一，"百城万店无假货示范街"。

小走马路牌坊匾额

小走马路牌坊匾额

小走马路牌坊匾额

小走马路牌坊匾额

小走马路牌坊匾额

小走马路牌坊匾额

闽台特色食品街牌坊匾额　叶水湖 书

闽台特色食品街牌坊匾额　叶水湖 书

闽台特色食品街牌坊匾额　叶水湖 书

闽台特色食品街牌坊匾额

闽台特色食品街牌坊匾额

鸿山公园

鸿山公园 位于厦门市思明南路的鸿山，与鼓浪屿隔海相望，遥相呼应。鸿山公园不但有优美的自然风景，而且有"鸿山织雨"、"嘉兴寨"和2010年落成的"延平郡王祠"，还有古刹鸿山寺等诸多著名的人文景观。其中"鸿山织雨"是厦门二十名景之一。

鸿山公园大门匾额 谢澄光 书

延平郡王祠牌匾

问雨楼 马 驰 书

延平郡王祠牌匾

织雨亭 谢澄光 书

延平郡王祠牌匾

厦门大学

  厦门大学 由著名爱国华侨领袖陈嘉庚先生于1921年创办，是中国近代教育史上第一所华侨创办的大学，也是国家"211工程"和"985工程"重点建设的高水平大学。大学坐落于厦门岛南端，依山邻海，地理位置得天独厚，建筑特色别具一格，素有"海上花园学府"之称。

厦门大学大门匾额 鲁 迅 字

鲁迅纪念馆 郭沫若 题

鲁迅文物陈列室 宋庆龄 题

厦门大学人类博物馆 徐悲鸿 题

厦门大学国际学术交流中心 卢嘉锡 题

厦门大学会议中心 卢嘉锡 题

保欣丽英楼 张瑞龄 书

敬贤亭 张瑞龄 书

颂恩楼 张瑞龄 书

注：由四幢陪楼中央耸立而起的21层主楼颂恩楼是著名爱国华侨泰国实业家丁政曾、蔡悦诗伉俪捐建的。
　　是陈嘉庚逝世后厦大最大的校友捐建项目之一。

文庆亭匾额

注：文庆亭位于厦门大学图书馆西侧，是学校为纪念厦大首任校长林文庆而建造的纪念亭。林文庆（1869—1957），字梦琴，原籍福建海澄，生于新加坡。1921年6月接受陈嘉庚的聘请，担任厦门大学校长职务，前后达16年之久。

上弦场 虞愚 题

群贤楼匾额　林文庆 题

华侨之家 庄材保 题

胡里山炮台

　　胡里山炮台　厦门著名的旅游景点。炮台建于光绪十七年（1891年），由城门、城墙、城垛、东西炮台、战坪、弹药库、练兵场及其他附属设施组成，炮台和城堡面积1.3万平方米，总投资8万多两银元。胡里山炮台珍藏的克虏伯大炮是世界上现存最大的海岸古炮，被称为"胡里炮王"，是厦门二十名景之一，国家重点文物保护单位。

炮台城墙西门匾额　秦咢生　书

炮台城垛门洞匾额　杨岐珍　题

炮台城垛门洞匾额　杨岐珍　题

观音山

观音山　位于厦门岛东部，与金门岛隔海相望。2006年年初，思明区在这里建设观音山国际商务营运中心，目前正在加快建设成两岸区域性金融服务中心。它将吸引众多的知名企业和金融机构在这里安营扎寨，大展宏图。

观音山商业街牌坊匾额　朱鸣冈　题

观音山商业街牌坊匾额　金一贵　书

观音山商业街牌坊匾额　白磊　题

观音山商业街牌坊匾额　陈秀卿　题

观音山商业街牌坊匾额　叶水湖　书

观音山商业街牌坊匾额　陈秀卿　题

观音山商业街牌坊匾额　翁铭泉　书

观音山商业街牌坊匾额

观音山商业街牌坊匾额　白鸿　书

五 缘 湾

　　五缘湾　位于厦门机场和翔安隧道两大门户之间，是岛内唯一一块集水景、温泉、植被、湿地、海湾等多种自然资源于一身的风水宝地，还有大量的畲族文化景观。五缘湾国际商务营运中心，商务楼宇林立，是投资兴业、开拓发展的最佳选择。

五缘大桥　江泽民　题

注：鹭鸣楼属五缘水乡酒店，位于五缘湾湿地公园内。

翔安隧道

翔安隧道　我国大陆地区第一个海底隧道。工程全长8.695千米，其中海底隧道长5.95千米，跨海域宽约4.2千米，为双向六车道双洞海底隧道。设有中孔为服务隧道。隧道最深在海平面下约70米。翔安隧道于2005年9月动工，2010年4月16日建成通车。

翔安隧道　江泽民　题

翔安隧道口永不言弃景观

翔安隧道口业翔民安景观

翔安隧道口闽南印象景观

金尚公园

金尚公园 位于金尚路与仙岳路交叉的东南角。公园内遍布古民居、楹联、匾额、石板墙、雕刻的人物、山水画及文字，介绍厦门岛早期开发史，是一座文化主题公园。

白鹭洲公园

白鹭洲公园 位于筼筜湖中心，面积10万平方米，是厦门最大的开放式广场公园。这里的"筼筜渔火"曾是厦门史上八大景之一，现在的"筼筜夜色"是厦门二十名景之一。

白鹭洲公园大门匾额 谢澄光 书

筼筜书院 饶宗颐 题

心和艺术馆匾额

金榜公园

    金榜公园 位于厦门狮山西北坡金榜山，紧邻梧村山。面积86万平方米，金榜山以其雄奇、幽雅著称，是鼓浪屿—万石山国家风景名胜区重要组成部分，荟萃了唐、宋、元、明、清丰富的人文景观，成为厦门市独树一帜的风景区。金榜钓矶是厦门历史上的小八景，2000年被评为厦门二十名景之一。

海滨邹鲁 沙孟海 题

迎仙楼 余 纲 书

紫竹林寺大雄宝殿匾额 赵朴初 题

紫竹林寺般若门匾额

钟叶荣华楼 高 怀 题

钟林俭楼 高 怀 题

钟林美楼 高 怀 题

钟林快楼 高 怀 题

钟林配楼 高 怀 题

厦门博饼民俗园

厦门博饼民俗园　位于海沧大桥东侧的牛头山公园，以其独特的地理位置和最具厦门民俗特色的博饼文化娱乐活动闻名于世。犹如长虹的海沧大桥，被誉为东渡飞虹，是厦门二十名景之一。

厦门海沧大桥于1996年12月18日动工兴建，大桥长5926米，其中桥梁长3140米，宽36.6米，双向六车道加紧急停车带。大桥于1998年12月30日建成通车，江泽民同志为海沧大桥题写桥名。

海沧大桥　江泽民　题

博宝堂　吴佩谦　书

厦门海堤公园

厦门海堤 是陆地连接厦门岛第一条通道。海堤于1953年6月正式动工，历时两年又三个月，到1955年国庆节完成全部工程。海堤全部以花岗岩砌成，长2212米，面宽19米，其中铁路5.8米，公路7.2米，人行道东侧2.1米，西侧1.5米，两侧胸墙宽1.2米高1.8米。1956年11月铁路上部由铁道兵施工完成，12月19日铺轨至厦门，1958年1月1日鹰厦线交付国家正式营运。朱德在厦门海堤纪念碑题写"移山填海"。

厦门大桥 江泽民 题

注：厦门大桥是我国第一座跨海大桥，主桥长2070米，桥面宽23米，设双向四车道，厦门大桥始建于
　　1987年10月1日，1991年12月17日，江泽民同志为厦门大桥正式通车剪彩，并题写桥名。

集美大桥 江泽民 题

注：集美大桥始建于2007年3月，南起环岛路与五石路交叉路口，北在集美乐海路上岸，以桥梁方式
　　跨越浔江海域，桥面宽36米，全长8.43千米，其中跨海部分3.82千米。2008年7月1日正式通车，
　　江泽民同志为大桥题写桥名。

注：杏林大桥是厦门最长的跨海大桥。大桥全长8530米，主桥7480米，跨海桥长5034米，桥宽32米双向六车道。铁路部分长5220米。杏林大桥始建于2006年3月，2008年9月1日建成通车。江泽民同志为杏林大桥题写桥名。

移山填海 朱 德 题　　　　杏林大桥 江泽民 题

鼓浪屿

　　鼓浪屿　集日光岩、皓月园、毓园、菽庄花园、琴园、百鸟园等特色于一岛风光。面积
1.91平方千米,被誉为海上明珠,是国家旅游最高级别的5A级旅游景区,厦门二十名景之一。

鼓浪屿轮渡码头 罗 丹 书

日光岩 高 怀 书

鼓浪屿风琴博物馆 江泽民 题
注: 胡友义先生捐赠的来自于澳大利亚巨型管风琴博物馆落户于鼓浪屿八卦楼,成为世界唯一的风琴博物馆。江泽民同志为
　　鼓浪屿风琴博物馆题名。

鼓浪屿钢琴博物馆 张道兴 题
注: 鼓浪屿钢琴博物馆,是目前国内唯一一家专门展示世界各国钢琴的博物馆,馆内钢琴都有一二百年历史。所有钢
　　琴都是胡友义先生捐赠的。胡友义1936年出生于厦门鼓浪屿,现定居澳大利亚。

林巧稚纪念馆 高 怀 书

注：林巧稚（1901—1983年），福建厦门鼓浪屿人。中国医学院副院长，中国科学院院士，北京协和医院
　　第一位中国籍妇产科主任。林巧稚一生亲自接生5万多名婴儿，在妇产科等方面作出巨大贡献，是中
　　国现代妇产科学的奠基人之一。

郑成功纪念馆 郭沫若 题

注：郑成功纪念馆建于1962年2月1日，纪念郑成功收复台湾300周年。

鼓浪屿音乐厅 李焕之 题

海天堂构 曾 熙 书

注：海天堂共有五幢老别墅，建于1921年，位列鼓浪屿
　　十大别墅，为菲律宾华侨黄秀烺购得租界洋人俱乐
　　部原址所建，以中楼最有个性，"是官非官胜似
　　官，亦殿非殿赛过殿；不中不洋不寻常，中西结合
　　更耐看"。这在鼓浪屿是独一无二的。

林巧稚毓园匾额

龙山洞 高 怀 书

注：远而亭是华侨黄仲训为了纪念他远游的弟弟黄仲赞
　　而建的。远而亭以四根方形石柱撑起一个尖形四方
　　顶盖。石柱镌刻有描绘这里美丽景色的楹联。

菽庄花园

    菽庄花园　建于1913年，园主林尔嘉用他的字叔臧的谐音命名，菽庄即"稻菽庄园"之意。

    林尔嘉（1875—1951年），实业家，编纂家，祖籍龙溪，生于台湾淡水板桥镇，林维源之子。1895年日本占据台湾后，他随父内渡，住鼓浪屿，年岁渐大，乡愁倍增，他便在鼓浪屿择地仿故居板桥别墅（即林家花园），建造菽庄花园，寄托自己的情怀。林尔嘉先生生前曾交代，在他身后，将菽庄花园献为公有，1956年，菽庄花园改为公园。

菽庄　罗丹　书

壬秋阁　陈秀卿　书　蔡劲松　刻　　　　　　敬修堂　孙家鼐　书

皓月园

皓月园　国内唯一的郑成功主题公园，建于1985年。占地3万平方米，是一座古陵园式建筑。园内中心广场有一组"闽海雄风"青铜群雕，郑成功雕像矗立于覆鼎岩。郑成功雕像高15.7米，重1617吨，由23层625块花岗岩粘雕组合而成，雕像巍然屹立，气宇轩昂，是厦门二十名景之一。

郑成功微雕展览馆　谢澄光　书

陈嘉庚纪念胜地

陈嘉庚纪念胜地 包括陈嘉庚纪念馆、嘉庚文化广场、嘉庚公园、鳌园、陈嘉庚先生故居、归来堂和归来园等项建筑，是全国爱国主义教育示范基地，国家4A级旅游区，是中外游客来厦游览观光必到的旅游风景名胜区。集美鳌园是全国文物重点保护单位，是厦门二十名景之一。

陈嘉庚先生故居 廖承志 题

注：陈嘉庚故居是一座两层小楼，建于1918年。1938年被日本侵略军炸毁，直至1955年修复。

集 美 学 村

集美学村 为陈嘉庚先生倾资创建，20世纪90年代初经教育部批准，创办集美大学，集美学村迎来了鼎盛发展新时期。集美学村是钟灵毓秀之地，凝集天地之灵，人文之美。

集美大学 江泽民 题

集美大学美术学院 沈 鹏 题

集美华侨补校大门匾额
注：集美华侨补校，即1952年国家专门为归国华侨学生创办的补习学校。

集美大学国际学术交流中心 梁披云 题

集美学村大门背面匾额 陈嘉庚 题

福山楼 梁披云 书

南薰楼匾额
注：集美学村的南薰楼高15层，54米，两侧翼楼各7层，1959年落成，成为当时福建省的第一高楼，被称为世界最美的中学校园标志。被专家认定为嘉庚风格建筑的代表。

集美侨校大门匾额
注：集美侨校创办于1956年，前身是集美华侨补习学校。由于历史原因曾一度停办。1982年经国务院批准，增设集美中国语言文化学校，专收华侨华人来校学习汉语。1997年国务院侨办决定将集美侨校并入华侨大学，成立华侨大学（集美）华文教育中心，1999年升格为华侨大学集美华文学院，2002年更名为华侨大学华文学院。

华侨大学华文学院校史馆　郭东坡　书

陈嘉庚语录碑廊

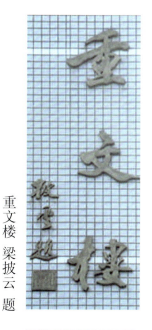

重文楼　梁披云 题

引桐楼　卢嘉锡 题

陈延奎楼　谢澄光 题

集美大学财经学院　启 功 书

园博苑

    园博苑   厦门园林博览苑位于集美区杏林湾，2007年9月23日对外开放。它是借助第六届园博会的契机修建的旅游风景区，最大的特点是在海上建园，总面积10.82平方千米，其中陆地面积5.55平方千米，是国家4A级旅游风景区，国家重点公园。

厦门园林博览苑 李瑞环 题

注：杏林阁颇似中国古代的塔阁，古色古香，典雅大方，建筑主体为七层，平面为八边形。位于园博苑的闽台岛上，八面临海，总高度约50米，是园博苑最高的标志建筑，作为园内观景平台，登高可览全园区风景。

中华教育园牌坊匾额

中华教育园牌坊匾额

注：中华教育园牌坊镌刻有厚德载物、慎思、尚贤等十方匾额。这些匾额充分表达几千年来我国教育崇尚的儒家思
　　想文化，用其规范人们言行。

賢關近仰

藏書樓

丹青坊

至聖祠

狀元及第

杏壇

萬世師表

學海文瀾

薈雅軒

音韻閣

廈門市圖書館籍古文獻分館

竹石匾额 郑板桥 书

金门馆 金门县长李炷烽 题

海峡两岸 连 战题

石缘 林严心 题

天竺山公园

天竺山公园 位于厦门市海沧西北部，是厦门特区西大门的绿色屏障和天然氧吧，总面积30.81平方千米，是国家4A级旅游风景区。

天竺山的森林景观非常妩媚动人，动植物资源丰富，山势磅礴，峰崖壮观，湖光山色，令人心旷神怡。特别是唐宣宗李忱在做皇帝前曾隐居三年的真寂寺重建，古刹重光，香火日盛，声誉远播。

天竺山森林公园西大门匾额

天竺山森林公园西大门匾额

天竺山森林公园东大门匾额

天竺山森林公园东大门海天锦色匾额

莲花罗汉山

　　莲花罗汉山　位于同安莲花镇莲花山。由著名书法家林志良先生投资兴建，500罗汉石像立于此山间，故名罗汉山。罗汉山同时还建有报春堂、关帝庙、观音阁、妈祖庙、土地神庙、钟楼，书法碑刻、匾额遍布。500罗汉集一山，规模雄伟壮观，尊尊神态各一，顶天立地，威灵显赫。500罗汉、神庙、书法碑刻集一山，这在厦门、福建乃至全国绝无仅有。现罗汉山已成为福建著名旅游胜地。

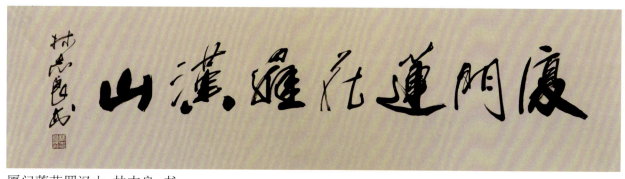

厦门莲花罗汉山　林志良　书

报春堂　刘炳　题

青山岩　林志良　书

观音阁 林志良 书

钟楼 林志良 书

妈祖庙 一 凡 书

心愿栈 一 凡 书

佛光大道 一 凡 书

福德宫 一 凡 书

禅意佛心 林志良 书

关帝庙 林志良 书

文昌祠 林志良 书

抄经堂 林志良 书

树德楼 林志良 书

顿悟 林志良 书

同安孔庙

  同安孔庙 又称文庙，在同安城东溪之畔。始建于五代末，南宋绍兴十年（1140年）迁建于现址，现存古建筑规制为清乾隆三十二年（1767年）所拓，同安孔庙是古同安祭祀孔子、敬拜先儒、传承学儒、兴贤育才的重要场所。同安孔庙是同安千百年文化标志，是珍贵的历史文化遗产和省级重点文物保护单位，更是厦门市一处耀眼的文化旅游景点。

同安孔庙大门匾额 朱 熹 题

大成殿牌匾

大成殿牌匾

大成殿牌匾

大成殿牌匾

大成殿牌匾

大成殿牌匾

苏公祠牌匾

苏公祠牌匾

苏公祠匾额　严宗珍　书

苏公祠匾额　严宗珍　书

林公祠匾额

观澜亭　陈美祥　题

同安影视城

同安影视城 是一座金碧辉煌的仿古造景观的娱乐城，总占地面积1000亩，首期工程主要选取北京故宫的三大典型建筑：天安门、太和殿、养心殿，还有颐和园的长廊及一条明清风情街，作为基本的古建筑群，雕梁画栋，黄瓦红墙，老北京风情十足，是旅游娱乐、拍片摄影、休闲度假的极佳园地。

仿古明清街牌坊匾额

南国古物世界艺术馆 胡 平 题

红色展览馆牌匾

注：同安影视城仿明清街店铺商号牌匾虽未标作者，但很有特色。在当年这些老字号牌匾都是金字招牌，商号取名高雅，虽是仿古，但令人耳目一新。

福成齋

餘錢鋪

北興順

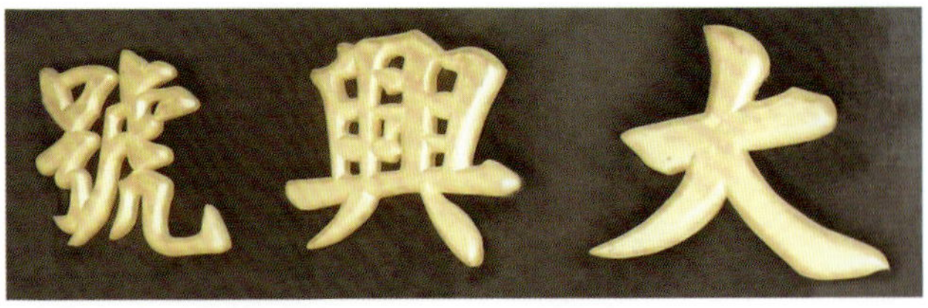

大興號

千芝堂

鈷帽莊

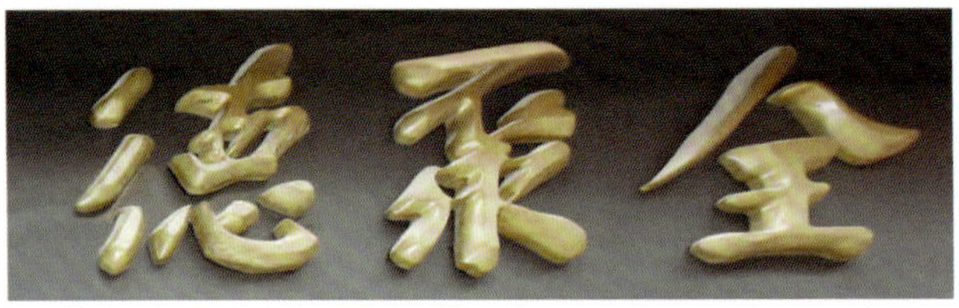

全乘德

東聚興

蕙蘭軒

吐雲軒

華安居

王麻子

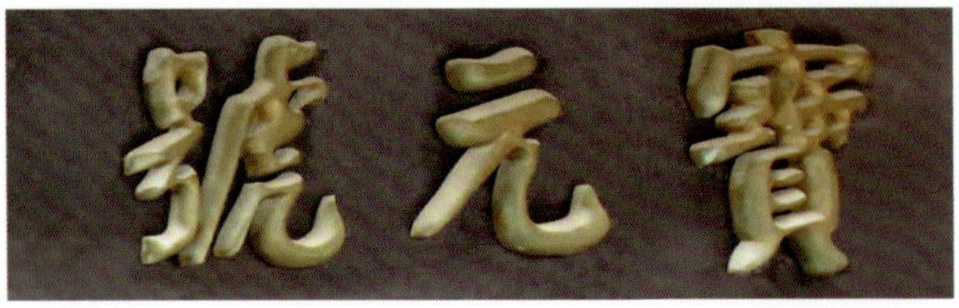

寶元號

香料店

54

六必居

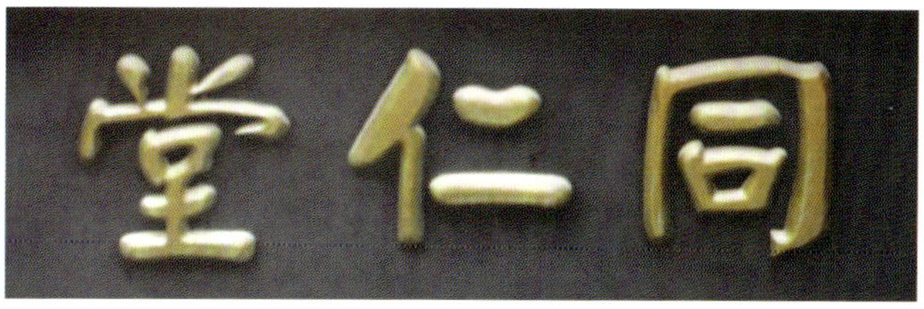

同仁堂

西承昌

永慶號

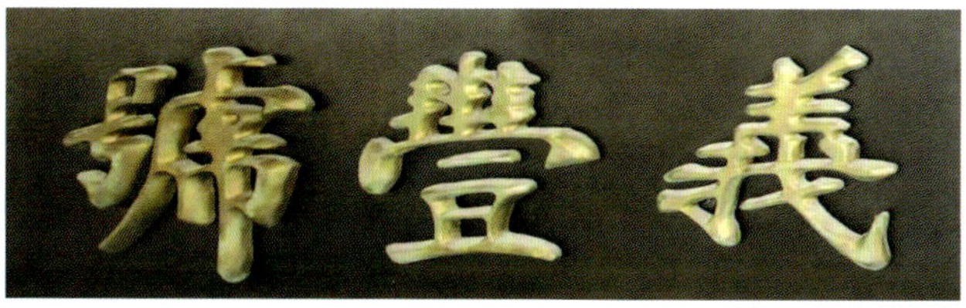

義豐臨號

永成號

萃珍齋

祥瑞齋

馬聚源

清華池

隨珠

和璧

鶴鳴酒館

老舍茶館

北辰山

  北辰山 位于厦门市同安区五显镇境内，是省级风景名胜区，厦门二十名景之一，总面积12.2平方千米。北辰山人文古迹繁多，自然景观优美，主要有北辰山山门、广利古刹、闽王塑像广场、十二龙潭、水天洞等景观，犹如仙驻北辰施雨露，龙腾深穴起波涛……

北辰山山门匾额 王金平 书

广利庙山门匾额 谢水墨 书

广利庙山门匾额 郭勋安 书

广利庙匾额 郭勋安 书

广利庙牌匾 宋太祖御赐 王秀南 书　　　　　广利庙牌匾 郭勋安 书

广利庙牌匾 范文明 书

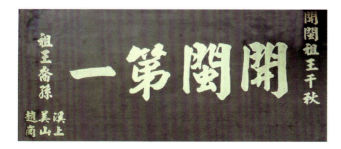

战地观光园

  战地观光园 位于翔安大嶝岛东南部。观光园设有炮战"八·二三"纪念馆、英雄雕塑广场、三岛民兵风采馆、战地隧道、红色记忆经藏馆、射击运动场等十余个景点，是一个集战地观光、史迹展览、望金门、爱国主义和国防知识教育为一体的多功能的旅游胜地。

英雄三岛战地观光园　石一宸　题

"八·二三"炮击金门　石一宸　题

英雄三岛战地观光园　迟浩田　题

古牌坊及其他

陈美祥画

兴贤育才坊

兴贤育才坊　位于同安孔庙东侧，泮池之北。牌坊建于明天顺五年（1461年），本时任同安县丞刘珣器（永新人）建明伦堂时同时建筑。据传原为木构，清道光十年（1830年）修葺明伦堂时，兴贤育才坊改造石构并移于现址。石坊四柱三间冲天式，坊梁间前后匾额镌"兴贤育才"四个大字。坊柱有儒学训导兼理教谕陈震曜（台湾嘉义优贡人）书题的联文，即"入黉宫游泮水蹈矩循规修其天爵，崇正学守圣经提纲挈领教以人伦"。

兴贤育才坊匾额

注：朱熹任同安县主簿期间，兴文育才是他任内的主要政绩。兴贤育才坊建于同安孔庙学宫内，系为彰扬朱熹立教、兴文、育才之功德，寓意于劝勉师生励志精进，教学有成，早日为国家培养出既贤明又能干的栋梁之才。

凤山钟秀坊

凤山钟秀坊　位于同安区大同街道碧山社区岳口村古驿道中。石坊建于明嘉靖三年（1524年），由泉州府同知李缉、同安县主簿吴楷、典史周惟等地方官为成化举人洪敏而建。洪敏是同安自有科举以来首位受官方立坊彰显的举人。洪敏的故乡是金门凤山，也是钟灵之地，民间有"人丁不满百，京官三十六"的传说。说明金门凤山是科举蝉联、簪缨世代的古地，历史上孕育过许多英贤俊彦。同安凤山为九跃山巅，孔庙的案山，周边有文笔塔、叶氏郡马府、甘露亭、功德牌等。所以凤山钟秀坊以"凤山钟秀"为名含有同安金门凤山同是哺育英才风水宝地的意思。

绩光铜柱坊

    绩光铜柱坊　位于同安区大同街道顶溪头村公路旁。牌坊建于清康熙五十六年（1717年），系为褒彰靖海侯施琅平定台湾的功勋而建。石坊为花岗岩，四柱三开间。明间为双层楼阁，顶层正中有"圣旨"题匾。明正背面分别有"绩光铜柱"、"思永岘碑"匾额。下坊板镌有施琅之子施世骠及同安知县刘兴元、教谕江山甫等立坊官员的结衔题名。绩光铜柱坊系厦门市涉台文物古迹和文物保护单位。

两科太守坊

    两科太守坊　位于同安后炉街太守巷。太守坊建于宋绍定二年(1229年)，为两柱单间以圆形石柱支撑上部木构牌楼。木作部分新中国成立前已毁，1992年重修，上部改用水泥仿作，形成四柱三间二楼样式。

    两科太守坊为纪念高中两科(诗赋、经义)进士、任漳州太守的王南一而立。王南一，号桂轩。绍定年间，擢两科第。以国子博士知漳州。洪天赐匾其坊曰"两科太守"。两科太守坊为文物保护单位。

岳伯坊

  岳伯坊 位于同安城区大同街道后炉街。始建于明嘉靖二十一年（1542年）。由巡按监察御史刘廷蓝、李元阳，按察副使沈一定、刘应绥，泉州知府俞咨伯，同知尹嵩，通判陈尧典，推官叶迁春，同安知县袁杉等地方官奉建。牌坊双层石柱结构，四柱三开间。有"岳伯"、"秋官"两方匾额。匾额下方横梁镌有嘉靖丙戌进士陈健字样，即该牌坊为表彰陈健任官政绩突出而建的牌坊。

  陈健（1491—1561年），字时乾，以号"沧江"闻名，同安县翔凤里十七都阳田保阳宅（今属金门县金沙镇）人，24岁中秀才，正德十四年（1519年）中举人，嘉靖五年（1526年）中进士。初授刑部主事，后先后任江西南安郡知府（今江西大余）、广东廉州知府（今广西合浦）、广西南宁知府、刑部郎中等职，陈健执法公正，为政惟勤，居乡期间热心公益，捐筑沧江坝，重建金门祖祠，倡修南院陈太傅祠等。

  岳伯坊正面匾额 注：相传古代尧舜时有四岳分掌四方诸侯，周有方伯为诸侯之长。故后世用"岳伯"作为疆吏的泛称。陈健任过南安、廉州、南宁郡边疆地方官，故有"岳伯"之称。

  岳伯坊背面匾额 注：唐代武后以刑部为"秋官"，陈健初授刑部主事，执法公正，故坊额背面为"秋官"。

许承宰妻江氏贞寿坊

  许承宰妻江氏贞寿坊 位于同安区汀溪镇五峰村许厝社。建于乾隆五十二年（1787年）。为许承宰妻江氏而立。石坊为花岗岩，四柱三间，庞殿顶三层重楼。坊额镌"贞寿"二字。四根方柱有楹联两对，即"帙满百龄虬松继节干霄近，堂开五代雏凤街恩刷羽新"，"优渥自天萱开百业翼子谋孙衍余庆，安贞应地云捧五峰白金黄绮荷新荣"，都是颂扬江氏五代同堂、寿满百龄的赞语。

许承宰妻江氏贞寿坊匾额

许承宰妻江氏贞寿坊牌匾

傅士渊妻吴氏贞寿坊

  傅士渊妻吴氏贞寿坊 位于同安区大同街道顶溪头村。建于清道光二十一年(1841年)，为旌表同安县故儒傅士渊妻吴氏贞寿102岁而建。坊为四柱三间，花岗岩石建构。坊额镌"贞寿之门"四个字。两侧为闽浙总督部堂颜、福建巡抚部院刘、福建提督学政温、福建布政司曾、泉州府知府沈、同安知县盛（朝辅）、同安县儒学教谕兼训导翁的结衔题姓。四根方柱有楹联四对。

黄世金故居孝阙增光坊

      黄世金故居孝阙增光坊   位于思明南路中段原普佑街44号之五、之六，现为中华城东面。黄世金故居建于1916年，原黄氏家族建筑范围包括黄世金故居、胞弟黄世铭故居、黄氏祖祠、后花园等。后因发生火灾，将房烧毁，黄世金在重建房屋的同时，重修祖祠并为表彰其父在祖祠前兴建一座花岗岩石构牌坊，牌坊为四柱三开间，坊额镌刻有"孝阙增光"四字。牌坊四柱镌刻1919年福建督军兼省长李厚基题写的对联——"江夏宗风千秋名不朽，中华褒典百行孝为先"和厦门道尹陈培坤题写的对联——"荣问策名保世滋大，孝思锡类垂后无疆"。

      黄世金（1869—1937年），名庆元，又名黄榜，字世金，祖籍福建泉州，出生于厦门，是厦门近代著名爱国工商企业家、慈善家和社会活动家。20世纪二三十年代他创办了厦门电灯电力公司、厦门自来水公司、厦门淘化大同公司，担任两家公司董事长和一家公司董事。他还热爱教育事业，捐资兴学，1926—1937年任同文学校董事长。

黄世金故居孝阙增光坊匾额　大总统　题

注:据有关资料，"大总统"应为时任民国总统黎元洪为之题字。孝子黄传昌为黄世金之父。传说黄传昌是遗腹子，对母极孝，每日归家必先向母亲请安。其母虽盲，却享受到未盲人所能享受的所有乐趣。黄传昌在去世前，口中依然叫喊着"母亲"。事传乡里皆为孝心所动。时方官将其事迹向上报，遂树孝子坊，以示褒扬。总统、省长、道尹亲自为之题字，褒奖孝子黄传昌。

蔡宗德妾杨氏节孝坊

蔡宗德妾杨氏节孝坊 位于同安区大同街道碧岳社区。系为明通判蔡宗德妾杨氏而立。杨氏万历三十二年（1604年）旌表，石坊建于万历三十八年，由泉州府同知张仲孝、同安知府李春开建立。石坊单间重檐，坊上层中间有"圣旨"坊匾额，二层有"贞节"匾额，横梁正背两面镌有明乡进士梧州府通判诰赠贵州（背面为湖广）布政使司参政蔡宗德妾杨氏。

蔡宗德，字懋修，是蔡献臣的祖父。嘉靖十年（1531年）中举人。任广州通判、广西梧州府通判（州之佐官，正六品），为人宽大仁厚，不炫声誉。以其孙蔡献臣为贵，赠中宪大夫贵州布政使司左参政，妣洪氏累赠淑人，有子四人，三子贵易为隆庆二年（1568年）进士，官至浙江按察使，贵易之子献臣是万历十七年（1589年）进士，是同安明代父子进士家庭。

蔡宗德妾杨氏（1526—1584年）是同安杨礼室之女，18岁嫁与蔡宗德为妾。23岁守寡，虽有一子，惜早殁，故二度投环殉节，但均被嫡室洪氏救活，只好以母女之情相依为命。洪淑人逝世后，杨氏独操家计，辛劳养育贵易、献臣父子成才。故献臣对她没齿难忘。按封建礼制，滕妾守节不予旌表，邑人柯凤翔、陈荣弼竭力呈请旌表，但都没有获准。万历三十二年（1604年）蔡献臣升任常镇兵备大参，再呈请，方获准。开启了为滕妾立坊旌表之先河。

陈日升妻张氏节孝坊

陈日升妻张氏节孝坊　位于同安区大同街道溪边街古道的南面。牌坊建于清代，为四柱三开间。花岗岩石构造，二层加盖。顶层原有"天旌"的牌匾，但已遗失。中间匾额正面有"节孝"二字。石坊四柱有楹联三对，均为褒扬陈日升妻张氏节孝之内容。

王纯开妻陈氏节孝坊

王纯开妻陈氏节孝坊　位于同安区同新路口。石坊建于嘉庆十二年（1807年），为儒士王纯开妻陈氏而立。石坊为四柱三开间，三檐牌楼式，花岗岩石构造。立坊者为福建闽浙总督都堂王、钦命提督学院邵、巡抚部院李、布政使司黄、泉州知府王、同安县知县孙、同安县儒学傅、同安县儒学谢。石坊有匾额两方，四根方柱前后有楹联四对。

郑文贞妻杨氏节孝坊

郑文贞妻杨氏节孝坊 位于同安区五显镇第一桥头古道东侧。石坊为重檐三楼四柱开间,建于乾隆五十年（1785年）。立坊者为同安知县刘嘉会（正黄旗贡生,乾隆四十八年六月任厦门海防同知摄同安知县）,江浩（福安拔贡,乾隆四十七年任同安县儒学教谕）等人。牌坊有匾额"节孝"二字,方柱有楹联两对。

庄允升妻张氏节孝坊

庄允升妻张氏节孝坊 位于同安区祥平街道祥露村漳泉古驿道旁。立于乾隆三十二年（1767年）。牌坊由花岗岩石构造,四柱三间二层加盖,有匾额和牌匾各一方。四柱有楹联两对。额坊两侧刻有立坊者的官阶和姓名。

庄允升妻张氏,年二十五夫殁,八十六卒,乾隆三十二年旌表。

苏清浮妻洪氏节孝坊

苏清浮妻洪氏节孝坊 位于翔安区新店镇澳头社区上施村。石坊为四柱三间三层牌楼式,花岗岩石结构。洪氏节孝坊呈请恩准旌表为咸丰辛酉年(1861年),建造石坊时间为光绪九年(1883年)。石坊有匾额和楹联四对。

苏清浮(1813—1838年),字希舟,曾任山东三台巡抚。原配洪氏(1815—1897年),享寿八十有三。夫妇无子,过继同族苏振旅兄弟四人为嗣。苏振旅18岁自澳头到天津经商发迹。

许玉田妻陈氏节孝坊

许玉田妻陈氏节孝坊 位于同安区汀溪镇五峰村上自然村。建于嘉庆己未年(1799年),花岗岩构造,四柱三间。坊上匾额镌"节孝"二字,坊柱有楹联两对,显示对坊主松筠竹节的褒扬。

据传,儒士许玉田与陈氏原为指腹为婚,许玉田在攻书文求学期间,不幸染病身亡,陈氏闻噩耗后,即来夫家,操持丧礼,侍奉翁姑,秉持家务,辛勤劳作。乡人感之,联议具结,同向县、府申报,时兵部尚书魁伦、福建巡抚田凤仪、同安知县刘永公等地方官也为陈氏的事迹感动,奏折旌表,获准建坊。

许廷桂墓道坊

许廷桂墓道坊 位于厦门园林植物园内紫云岩，即现热带雨林内樵溪桥北侧山坡。墓道坊系清将许廷桂墓葬部分，花岗岩石构造，四柱三间，坊额题"钦赐祭葬"四字。许廷桂（1752—1809年），湖北人，寄籍厦门，官至副将，清嘉庆十四年（1809年）在广东阵亡后，朝廷按总兵例赐祭葬。石坊有楹联两对："赐恤报勤国家之盛典，鞠躬尽瘁臣子之芳踪"；"祭葬特领庶享匪躬之报，幽魂以慰聿昭不朽之荣"。许廷桂墓为市级文物保护单位。

胡元轩墓道坊

胡元轩墓道坊 位于海沧区东孚镇后柯西村。建于弘治十四年（1501年）。主墓墓碑及两边护肩石为整块花岗岩构造，墓碑镌刻："大明授忠义将仕郎元轩胡公之墓"。墓道坊为四柱两横梁三间结构。坊上有匾三方。墓区规模较大，建造风格独特，系文物保护单位。

林漾川墓道坊

林漾川墓道坊 位于同安区西柯镇潘涂村美星小学的后山。石坊建于明万历二年(1574年)。墓道坊为四柱三间冲天式。有匾额两方，正面为"皇明诰封"，背面为"晋藩谕祭"。

林漾川(1509—1574年)，名湣，字其东，号漾川。育有三子，长子林一材，由进士历官左参政。娶广西参政叶明元女。林一材子林炌是明万历四十三年(1615年)举人，另二子林炳、林炜皆贡生。二子林一杼，娶广东石城知县周鉴孙周道尧女。三子林一桢广东武解元。墓区系文物保护单位。

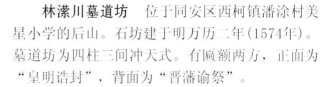

刘静轩墓道坊

刘静轩墓道坊 位于同安区祥平街过溪村墓庵自然村。墓道坊建于明代。四柱三间冲天式。坊额正面横镌"静轩寿域"，背面镌"溪山会秀"四字。坊后正中树一圭石碑，上镌"皇明诰授太仆静刘公及配妣宜人吕氏墓"。从碑石上看，刘静轩被"皇明诰授太仆"应为明代。"太仆"官名始于春秋时，秦汉沿置，为九卿之一，掌皇帝的舆马和马政。刘静轩墓为文物保护单位。

林希元墓道坊

林希元墓道坊 位于同安区西柯镇坑内自然村豪山。始建于明万历十年（1582年）。2000年海内外裔孙捐资重修。墓道坊为二层四柱三间牌楼式。坊顶中间有"皇明"巨额。明间匾额正面镌有"文宗延尉"，坊"为明正德丁丑提学佥事林希元立"。次间正背面分别为"启迪后学"和"衍毓英贤"两方。坊柱有楹联四对。明间匾额背面为"理学名宦"，次间牌匾背面分别为"禾岭翠秀"和"窀穸钟丝"两方。林希元墓为文物保护单位。

陈沧江墓道坊

陈沧江墓道坊 位于同安区五显镇明溪村后烧西村。墓道坊建于明嘉靖三十五年（1556年），为四柱三间冲天式，顶中间有"恩荣"匾额一方。中明间和侧次间上方有牌匾多方。南北两面镌"赐恩褒劝"、"厥绩益懋、令誉孔昭"、"进阶大夫"、"出守三郡"、"司寇正郎"、"荣登甲科"等牌匾。陈沧江墓为涉台文物古迹和文物保护单位。

洪朝选墓道坊

    洪朝选墓道坊   位于翔安区洪厝刺柏山。始建于万历二十二年（1594年），1992年重建。墓道坊为等高四柱三间，额坊镌"奉天诰命"，坊顶中间为"皇明"匾额。圣匾为明代原构件。次间有"督学中丞"、"乡贤名宦"两方牌匾。洪朝选墓为厦门市涉台文物古迹和文物保护单位。

蔡复一墓道坊

　　蔡复一墓道坊　　位于翔安区内厝镇小盈岭东侧。始建于明天启五年（1625年），1998年重建。石坊为四柱三间，坊顶正中间有"圣旨"匾额，明间和次间横梁上有牌匾三方，四方柱正面有楹联两对。蔡复一墓为厦门市涉台文物古迹和文物保护单位。

郭岩隐墓道碑

郭岩隐墓道碑 位于同安区洪塘镇郭山脚下。郭岩隐，号石庵，郭山人。宋建炎元年（1127年）由明经举孝廉，回归故乡。朱熹在同安任职期间，时常到郭山探访这个退休官员，而且还常对人说郭岩隐"性行淑，磊磊落落君子人也"。还应郭氏之请为郭氏宗祠题写"木本水源"牌匾。郭岩隐谢世后，朱熹为之卜葬，并题写墓道碑"郭岩隐安乐窝"六个字。当时有小石亭，当地称为"四脚亭"，"文革"期间，亭被毁。1988年村民集资重造。郭岩隐墓道碑系文物保护单位。

郭岩隐墓道碑 朱 熹 书

胡贵墓道牌

胡贵墓 位于思明区莲前洪山柄洪莲中路睏狗山麓。系胡贵夫妇合葬墓。墓园规模较大，有墓碑、墓龟、石牌坊，墓埕两侧有石狮、石虎、石马、文武将军，左前方又有御赐碑文石碑及四角亭。系厦门市文物保护单位。

胡贵（？—1760年），字尔恒，号洁峰，厦门人。行伍出身。历任守备、游击、参将、总兵和提督等职。胡贵为官30多年间，"革陋规、勤训练、严巡哨、慎举劾"，对于救灾弥盗，更是竭尽全力，因此，深为时人称赞。乾隆二十五年（1760年）病卒于任上。清廷闻讯后，赐予祭葬，谥号"勤悫"，官加一级。

林君升墓道坊

林君升墓道坊 位于翔安区马巷镇井头村西。建于清乾隆二十年（1755年）元月二十日 。墓道坊四柱三间三层，横额镌"钦赐祭葬"四个大字。林君升墓道旁约50米，有御制碑亭一座，亭内立有乾隆皇帝亲笔撰写满汉文字对照的碑文，褒扬林君升历任三朝，两次入台，三略粤地，四省提督，驰骋海疆，功勋卓著，荣施加奠，隆恩渥典的奋绩和荣庞。林君升墓为厦门市涉台文物古迹和文物保护单位。

林君升（1688—1755年），字圣跻，号敬亭，同安凤翔里十二都井头村（今属翔安马巷镇）人。壮年从戎，康熙六十年（1721年）奉调带兵押饷赴台湾。为上官所器重，雍正四年（1726年）升定海总兵。乾隆四年、六年先后担任碣石、金门总兵。15年间四任总镇。乾隆七年任广东提督，九年再次晋见乾隆皇帝。此后，服母丧期满暂补缺台湾总兵，乾隆十七年升任江南提督，总辖江苏、浙江、福建、广东四省军务，恩威并施，军纪严明。乾隆二十年四月十六日林君升逝世于军中，谥温僖，诰授荣禄大夫提督江南全省军务左都督。

林君升手书的牌匾

深青驿楼古地

深青驿楼古地 位于集美区灌口镇深青村。南宋古同安境内两大驿站之一，即大同驿（今同安大同街）和鱼孚驿（今集美鱼孚村）。元代，鱼孚驿移建于今集美区灌口镇深青村。此驿在明洪武十四年（1381年）、景泰元年（1450年）均有扩建、重建。它上接南安县康店驿，下接龙溪县通源驿，连接漳泉两地。深青驿驿楼横跨于村口古驿道上，穿斗式，硬山顶砖木结构。门楼南西嵌条石匾额，镌刻行书"驿楼古地"四字。系厦门市文物保护单位。

澳溪安乐村塔

澳溪安乐村塔 位于同安区莲花镇澳溪村口。南宋朱熹任同安主簿期间，不辞辛苦，勘地理、查风水，走遍同安山山水水。有次他翻山越岭来到澳溪村，只见一湖平地、良田沃地，小桥流水，阡陌交错，便出口"大乱半忧、大旱半收"，并欣然命笔"安乐村"三个字。村民获悉欣喜乐狂，造建镇村宝塔，将安乐村三字刻石嵌于塔额。从此以来，安乐村的居民安居乐业，自给有余。孕育了新加坡丰隆集团大银行家郭芳枫和世界乒坛名将郭跃华等乡贤，可谓地灵人杰。安乐村塔为文物保护单位。

澳溪安乐村塔匾额 朱 熹 题

同民安关隘

同民安关隘 位于翔安内厝镇与南安交界的小盈岭古驿道上。南宋绍兴二十三年（1153年），朱熹任同安主簿，经小盈岭时，见山岭两侧高峡峙立，状若漏斗，西北风直入横行，以至有"沙漠七里口，无风沙自走"的民谣流传。为降伏风沙化害，朱熹建石坊，补岭缺，手书"同民安"三字为匾额，并植榕为"挡风树"。雍正十二年（1734年）石坊倒塌。乾隆三十三年（1768年），马巷秀才林应龙等呈请捐，在原址上将石坊改建为关隘。关隘为花岗岩石砌筑。原为同安区级文物保护单位。

同民安关隘匾额 朱 熹 书

寺宇宫觀

壬辰年則悟

南普陀寺

南普陀寺 为八闽最古老名刹之一。居于鹭岛名山五老峰前，背依秀奇群峰，面临碧澄海港，风景绝佳。南普陀寺始建于唐代，初名普照寺，五代时改建为泗洲院，宋重建复原名，元明以后时有兴废。清康熙年间，靖海将军施琅重建，改名南普陀，自此成为闽南佛教圣地。后经多次修葺扩建，南普陀寺规模恢弘，雄伟壮观，是厦门二十名景之一，全国重点文物保护单位，涉台文物古迹。

南普陀寺匾额 吴铁珊 书

南普陀寺山门匾额 赵朴初 题

南普陀寺山门匾额 张云虎 书

南普陀寺山门匾额 张云虎 书

天王殿 赵朴初 题

万寿塔 赵朴初 题

大雄宝殿 黄仲训 书

弘济万品 武振英 书

法主楼 谢澄光 书

大雄宝殿牌匾 吴铁珊 书

闽南佛学院 赵朴初 题

太虚图书馆 赵朴初 题

天王殿牌匾 何心湛 书

念佛堂 余险峰 书

大悲殿匾额 智音 书

班首寮 谢澄光 书

教学楼 田光烈 题

无我 省己 书

禅堂 赵朴初 题

慈善 赵朴初 题

讲堂 南怀瑾 题

客堂 林岑 书

普照楼 虞愚 书

则悟法师荣膺南普陀寺第十二任方丈升座志庆贺匾

则悟法师荣膺南普陀寺第十二任方丈升座志庆贺匾

则悟法师荣膺南普陀寺第十二任方丈升座志庆贺匾

则悟法师荣膺南普陀寺第十二任方丈升座志庆贺匾

则悟法师荣膺南普陀寺第十二任方丈升座志庆贺匾

华严寺

华严寺　创建于明万历二十四年（1596年），初有林氏清修女结庐奉佛，日诵《华严经》不辍，故名华严室，复有梵天寺僧了凡普照二尊师，于天启四年（1624年）就室扩建殿堂，改称华严寺，清初毁于兵火，至康熙四十四年（1705年）复重建，后历数百年沧桑。1994年香港明伦佛堂住持释悟光法师发广大心，兴慈悲愿，重建三宝圣地，殚倾钵资，遂于1995年动工扩建华严寺，于2000年中秋落成。寺宇规模粗具，佛光普照。

华严寺　陈美祥　书

华严寺大门匾额　谢澄光　书

大雄宝殿　赵朴初　题

同登彼岸　林岑　书

碧山岩寺

碧山岩寺 位于鸿山南麓，鹭江右岸。岩前有通衢大道，东连南普陀古刹，西接鸿山寺。岩寺居中，与二古刹并列。碧山岩寺始建于明代，300多年来，几度沧桑，十年动乱期间，殿宇被毁。改革开放，国运昌隆，百业兴旺，厦门市佛教协会副会长诚信法师发愿重兴寺院。于2003年八月八日举行洒净进住仪式，并着于重新规划，募资重建碧山岩寺。经过几年努力，如今碧山岩寺规模相当，分外雄伟壮观，新塑诸佛金身法相，寺宇重光。

碧山岩寺 弘 一 书

佛殿 诚 信 题

藏经阁 白 元 书

地藏殿 梦 参 书

庆福寺

    庆福寺 位于旧巡司衙左侧熟肉巷,今厦门市思明区思明南路457号。为闽南梵行女清修道场,为开放寺院。旧称庆福院,寺始建于清乾隆五十五年(1790年),为虎溪岩住僧释达中所建虎溪岩下院。1925年陈昌修姑重建,改称庆福堂。历经风雨,寺庙破漏,心量法师(阿东姑)于1991年翻建,改称庆福寺。1993年组织成立"佛光书画社",礼请妙湛老和尚为社长。平日与文化界人士颇有往来,作为佛教文化活动据点。

庆福寺 连明生 书

庆福寺大悲殿匾额 智音 书

庆福寺大雄宝殿匾额 于右任 题

庆福寺大雄宝殿牌匾 谢澄光 书

鸿山寺

  鸿山寺　建于明万历年间（另有一说建自南北朝），历史悠久。原先由于偏僻奇小，不大为人重视，清光绪十五年（1889年）漳州南山寺喜参和尚来厦住持新修扩建。后历尽沧桑，日寇侵占厦门期间，鸿山寺被毁。1985年，地方政府拨地扩建殿宇。1986年，新加坡龙山寺华僧广净、妙华捐献巨资，全面翻建。2010年，鸿山寺又重新规划，动工改造山门，重建殿宇。建成后，将使寺貌焕然一新。

鸿山寺　赵朴初　题

大雄宝殿　赵朴初　题

佛光普照 颜真卿 字

大慈大悲 张之江 书

弘誓大愿 张之江 书

法界重辉 陈美祥 书

虎溪岩寺

虎溪岩寺　位于厦门市东南隅玉屏山北面。虎溪夜月是厦门二十名景之一。虎溪岩下有溪，相传古时有虎栖于溪边石穴，故名。明万历年间（1573—1620年），林懋时在岩间辟洞，建棱层石室，亦名棱云洞，并题刻棱层。明清以后虎溪岩寺经池显方、胡真卿、吴英等修建。清雍正年间厦门海防同知李暲又重建并扩建。1906年，住持会泉法师又建了印月楼，后毁于战火和"文革"。1983年，宏船法师回厦门筹资重建，于1985年动工，经过10年努力，使虎溪岩寺颇具特色，重现昔日风采。

虎溪岩寺山门匾额　田光烈　题

圣辉大和尚荣膺虎溪岩寺方丈晋山升座志庆贺匾

天王殿　赵朴初　题

观音殿　陈秀卿　书

大雄宝殿　李伯瑜　书

大雄宝殿牌匾　林岑　书

大雄宝殿牌匾　林岑　书

卧佛殿　陈秀卿　书

白鹿洞寺

    白鹿洞寺   自虎溪岩夹天径而上，翻过山峦，其背后就是白鹿洞。据民间传说，唐朝时陈天钟曾在此建一座大楼，因视野开阔，取名大观楼。至南宗，开始奉祀理学家朱熹，并仿照唐朝李渤、李涉两兄弟养白鹿一头，在江西庐山五老峰下奋发读书的故事，将此洞壑取名白鹿洞。明万历年间，林懋时在开山凿洞时，还修了殿宇、僧舍和御山亭，取名白鹿洞寺，曾盛极一时。此后数百年几度荒废与重修，特别是1989年原泉州崇福寺出家后旅居香港的元果法师发善心重建，耗时4年，至1993年12月使白鹿洞寺金碧辉煌，重现勃勃雄姿。

白鹿洞寺山门匾额　王爱琛　书

法王宝殿牌匾

法王宝殿 赵朴初 题

藏经阁 王爱琛 书　　　　　登欢喜地 巫祯来 书

圆通宝殿 王爱琛 书

万石莲寺

万石莲寺 又名万石岩，毗连中岩（亦称鹧鸪岩）。万石莲寺建于明朝末年，清康熙年间施琅重建，20世纪30年代会泉法师又加以改建和发展，1984年由宏船法师重新修建。2009年又对主殿进行翻建。现供奉"西方三圣"，故有"小西天"之称。

万石莲寺山门匾额　法空书

万石莲寺山门匾额　曾遒书

万石莲寺山门匾额　法空书

万石莲寺山门行径初地匾额 车大成 题

小西天　法空书

心水净也 雪峤书

西方三圣 赵朴初 题

念佛堂 为 明 书

伽蓝殿 伯 瑜 书

见月楼 余 纲 书

香光庄严 赵朴初 书

云中岩寺

　　云中岩寺 云中岩位于狮山中段，介于万石岩和太平岩之间，故名中岩。万石岩又称下岩，太平岩又称上岩，因中岩多栖息鹧鸪，故又名鹧鸪岩。云中岩寺几经沧桑，20世纪80年代以来，海外侨胞、信众和各界人士捐资重建寺庙。寺庙重光，金碧辉煌，精巧玲珑，风景优美。

太平岩寺

太平岩寺 在万石山风景区内，位于厦门市东郊狮山主峰。太平岩寺建于明代万历年间（1573—1619年），属临济宗喝云派，时兴时废。清康熙年间，施琅倡修过。寺内有海云洞天，放生池，寺前古树参天，寺侧巨石上又有乾隆年间黄日纪题刻的一首七律。寺庙几经修葺，特别是1978年、2009年进行了两次大的翻修扩建，寺宇古朴雄浑，焕然一新。寺前为著名太平石笑景点，是厦门二十名景之一。

太平岩寺大门匾额 林岑书

大雄宝殿牌匾 谢澄光书

大雄宝殿牌匾 林岑书

客堂 林岑书

地藏殿 林希炎书

天界寺

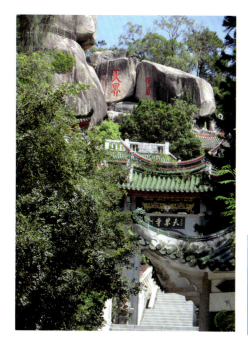

天界寺　在万石岩之西。原称醉仙岩，又称醴泉岩。始建于明代万历十一年（1583年），依山而筑在醴泉洞顶，供奉观音菩萨和仙翁。清乾隆辛酉年（1741年）月松和尚和厦门名士黄日纪策划将醉仙岩改为佛教的天界寺。1929年，广思和尚任住持后，进行翻修和新建。寺后顶峰，危崖峭立，镌"天界"二字，其下有长啸洞。洞壁镌明万历年间平倭诸将题诗，格外显目，景观极佳，游人到此，无不赞叹。过去，天界寺清晨按例要敲钟108下，所谓"醒人晨梦一百八"，因而有"天界晓钟"之称。"天界晓钟"是厦门二十名景之一。

天界寺山门匾额　罗　丹　书

蓬壶别巢　寿山书

醴泉洞

地藏殿　虞愚书

大雄宝殿　虞愚书

大雄宝殿匾额　寿　山　书

醉仙岩　寿　山　书

日光岩寺

　　日光岩寺 位于著名风景区鼓浪屿日光岩的半山腰，原名莲花庵，是厦门四大名庵之一。莲花庵本是石洞，俗称一片瓦，现为日光岩寺，始建于明正德年间（1506—1521年），明万历丙戌年（1586年）重建。清乾隆二十五年（1760年）寺僧瑞球募资扩建。清同治年间，建圆明殿供奉弥勒佛。1917年建大雄宝殿，50年代改圆明殿为念佛堂。1978年以后，海内外热心人士投资，对大雄宝殿进行翻修，新建了山门、钟鼓楼、法堂、僧堂等。日光岩寺由于地理环境独特，影响颇大。

日光岩寺　赵朴初　题

日光岩寺山门匾额　妙湛　题

日光岩寺山门匾额　陈美祥　书

大雄殿　赵朴初　题

弥陀殿　尹瘦石　书

普光寺

　　普光寺 坐落在美丽的厦门岛中央，环境优雅，普光寺古称金鸡亭。后来僧人在亭中供养观音大士，称观音亭，历经几朝几代的修葺，普光殿宇恢弘，道风不减，1914年，住持瑞枝上人德感众生，使普光寺土地及常住渐兴旺，其徒马来西亚槟城妙香林寺住持广 余禅师亦投巨资以重建古刹。至1993年经新加坡华僧广净老法师及十方护法的努力，普光寺建筑规模宏伟，工艺精巧。金鸡胜景，佛光普照，香客如云，梵音缭绕。

普光寺 赵朴初 题

普光寺 竺 摩 书

普光寺山门匾额 张之江 书

大雄宝殿 赵朴初 题

天王殿 赵朴初 题

集善楼 张之江 书

龙华三会 张之江 书

观音寺

　　观音寺　位于湖里区仙岳山东麓，是厦门地区新建的大型寺院之一。观音寺由山门、观音寺、大悲殿、万佛塔、五观堂、香积橱等建筑组成。整个建筑规模宏大，大气磅礴，特别是坐落在观音寺右侧的万佛宝塔，建筑高13层78米，挺拔俊秀，气势宏伟。

观音寺　赵朴初　题

大悲殿　赵朴初　题

观音寺山门匾额　陈美祥　书

觉性禅院

觉性禅院 位于湖里区禾山枋湖社里。史有云,觉性院乃唐金紫光禄大夫陈夷则肇建,历史悠久,为厦门最早之佛寺。

觉性禅院牌匾 则 悟 书

石室禅院

  石室禅院 位于海沧新阳台商投资区的灵鹫山下，系唐代垂拱年间始建的一座千年古刹，属闽南最古老的旧殿之一。据史载，明、清、民国时期几经重修，历史变迁，几度沧桑，绵延至今，现今旧大殿是清光绪二十八年（1902年）重修的，近几年来，开始重修和扩建石室禅院。大雄宝殿、五百罗汉、宝塔、山门等宏伟壮观，佛日高悬，古刹重辉。

千佛應身

塔寶璃琉

水流花徑

閱松度雲

弘法講堂

藏經閣

護法殿

护法殿 孙书贤 题

藥師密壇

药师密坛 陈秀卿 书

石室禪院

佛光普照

圣果院

圣果院　位于集美后溪后垵村，始建于唐贞元四年(788年)，至今已1200多年的历史。圣果院为泉州僧人卓猷创建，初名四洲堂，后因腊月间，院中龙眼树结出果实，南宋末年，宰相陆秀夫与皇帝赵昺在南逃时路过厦门，吃了献上的龙眼，大喜，赐名圣果院。元至正十四年(1354年)寺院毁于兵火，至正十七年乡人王西畴及寺僧南宗重建。明、清、民国及现代多次重修。前殿供奉三世佛，后殿供祀护国尊王。

圣果院　则悟　题

圣果院牌匾　宋帝昺　题

梵天寺

    梵天寺　位于同安大轮山南麓。始建于隋朝开皇元年（581年），乃八闽最古老的寺庙之一，原名兴教寺，宋熙宁二年（1069年）赐名梵天寺。梵天寺经多次重建，其金刚殿、天王殿、大雄宝殿、大悲殿、藏经阁等主体建筑由下而上集中在大轮山南坡山谷中轴线上，加上前几年新建的梵天广场、喷水池、放生池、牌楼等设施，气势恢宏，蔚为壮观。大轮梵天寺是厦门二十名景之一，文物保护单位。

梵天禅寺匾额　弘一题

大悲殿匾额　谢澄光书

大悲殿匾额　永水书

天王殿匾额　虞　愚　书

庄严国土　白　磊　书

法慧纪念堂　印　顺　题

紫阳书院　虞　愚　书

紫阳书院匾额　王秀南　题

注：能仁寺位于思明区大同路养真宫路32号。

藏经阁 宣祥銮 题

念佛堂 如明 书

千佛阁 虞愚 书

法堂 林修德 书

奎阁 郑海寿 题

梅山寺

  梅山寺 位于同安城东郊，与梵天寺隔溪相望。梅山寺始建于隋朝，于今已有1400多年的历史。寺庙几度兴废，原有的寺庙有大雄宝殿、念佛堂，还有小型摩崖石窟，87个石窟中有84个石窟中的佛像是根据佛教（大悲咒）里的人物原形雕刻的，栩栩如生，美不胜收，令人神往。近几年，梅山寺得到海内外善信的拥护和施愿，新建盘龙四柱三门结构石质山门，宏伟壮观，气宇轩昂，别具一格。梅山寺主殿规模宏大，全国最大的释迦牟尼白玉佛庄严端雅有灵气，为镇殿之宝。

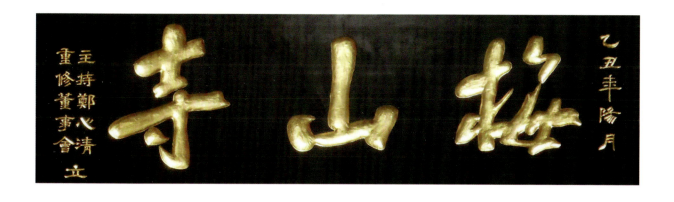

梅山仙境 朱鸣冈 书

梅山寺山门匾额　释慈明　书

梅山寺山门匾额　释慈明　书

西山白云岩

　　西山白云岩　位于同安城区往西约5千米处的天龙山，海拔324米，远望如游龙戏水，故名天龙山，俗称西山。西山之坳有座庙宇，称为白云岩，亦称西山岩，因清晨常有一片白云缭绕而得名。该庙为唐朝诗人陈黯创建，迄今已有1100多年历史，"文革"期间寺庙遭破坏，后重新修建，三宝佛像重塑金身，金碧辉煌，佛光普照。

西山白云岩 启 功 题

西山白云岩寺山门匾额 赵朴初 题

白云岩寺牌匾 宝 心 书

护山宫

护山宫　在通往西山岩的半山腰有一座护山宫，护山宫为明代所建，奉祀护国尊王张巡（709—757年）。明永乐年间在此重建唐代古云岩寺，敬奉三宝佛祖，祈求国泰民安。继而以邵氏为主兴建半山宫，奉祀护国尊王。自此，尊王威镇西山岳，法雨慈云遍银同，后经1993年两岸同胞集资兴建，护山宫新宫屹立，气势恢宏，圣地重光。

护山宫牌匾 启 功 题

妙建庵

妙建庵 位于同安西桥通经漳州古道的祥露顶，为古代官员往来憩息之所。妙建庵为三进砖木建筑，占地300多平方米，相传始建唐代，初祀观音菩萨，明崇祯年间扩建，中进祀保生大帝，清代道光年间再修，并祀北极真武帝（玄天上帝），后进仍祀观音菩萨。

妙建庵 瑞 图 书

崧山岩寺

    崧山岩寺 位于同安洪塘镇崧山岩，崧山岩寺始建于南宋，至今已有800多年的历史，供奉释迦牟尼、清水祖师、郭子仪等佛神塑像，前几年崧山岩寺进行翻建，寺庙焕然一新，善信虔诚，香火长明，崧山岩风光更加明媚。

厚德载福 刘炳森 书

崧山岩寺重修贺匾

崧山岩寺重修贺匾

出米岩寺

出米岩寺　位于翔安内厝镇三魁山。南宋末年，元兵入侵，陆秀夫、张世杰拥宋幼主赵昺赴崖山（今广东新会）途经同安，驻跸于此。相传有石洞日涌米供食，故名。幼主与众臣在洞中议事，逃过元兵追劫。寺宇历代屡有兴废，前几年里人又集资重修，寺貌焕然一新。

出米岩寺匾额　谢澄光　书

甘露寺

甘露寺 位于翔安新圩镇大帽山上。始建于唐代，相传动工前夕，满山松竹皆滴甘露，亦梵典佛法之喻，故名。尔后大有废兴，清初僧无疑重建。历经沧桑，前几年当地群众集资重建。前殿正中供奉着弥勒佛像。

甘露禅寺

公元二〇〇〇年梅月　大雄寶殿　佛历二五四四年

甘露寺重光庆典贺匾

无疑之塔　朱鸣冈　题

一超古宫

一超古宫　位于翔安马巷内官村。宫祀南宋湖北当阳县玉泉山高僧陈印肃，字谱静，法号普庵，名普庵祖师。福建闽南寺院，如泉州承天寺，均有供奉。翔安马巷内官乡普庵祖师庙香火旺盛。与平和三平祖师、安溪清水祖师合为佛门三祖师道场。

香山岩寺

香山岩寺 坐落在翔安东南部鸿渐山脉南麓。千年古刹香山岩寺依山而建，坐东朝西，前殿低，后殿高，属两落猛虎下山式重檐建筑。供奉清水祖师。香山古庙屡经兴废，反复重建，2003年岩寺佛殿，复古重建，再现雄姿。香山岩寺左侧建有纪念朱熹的徽国文公祠。

徽国文公祠匾额

忠义庙

忠义庙 位于翔安马巷镇压横街，奉祀关羽。把关羽奉为神，则始于隋朝，晋王杨广封之为护法神，后世相因将其列为伽蓝神，进入佛门。对关羽，历代君王都有敕封。至清光绪时封为"忠义神武灵佑仁勇威显护国保民精诚绥靖翊赞宣德关圣大帝"，视关羽为忠、义、勇、信之化身。

太清宫

　　太清宫　位于厦门岛东南方曾厝垵之曾山。主奉道教尊神的圣像。据《厦门志》记载，厦门太清宫原名天后宫，供奉妈祖神，初建于清朝初年。当年清朝皇帝雍正、乾隆等都御赐过匾额，褒嘉奖携。为此，这里曾盛极一时，成为道教圣地，信徒众多。近代以来，因动乱等原因，神迁宫毁，圣地废圮。后于1990年以来，在原址复建太清宫，并于2009年动工扩建主殿，规模粗具，金碧辉煌，圣地重光，俨然一派道教仙境。

朝元观

朝元观　同安历史最早、规模最大的道教宫观。奉华夏道教，祀天尊、玉皇、神仙道观，俗称天公坛，又曰天坛朝元观，是闽南真一道观圣地。根据现存永乐碑记"相传七百余年"及玄坛宫（前殿）现存嘉靖石柱楹联"拓地遥传七百年"推断，朝元观应开创于8世纪前期的盛唐年代，至今已有1200余年历史。朝元观几经兴废与修复。南宋嘉熙二年（1238年）琼州安抚使谢图南对朝元观进行大规模扩建。明代和清代先后五次对朝元观进行修葺。新中国成立后，特别是改革开放后，百废俱兴，三清殿、玉皇殿、玄坛和两庑相继落成。至此，千年古观，巍巍屹立，气势恢宏，神像庄严，威灵显赫。朝元观是涉台文物古迹和文物保护单位。

朝元观　郭勋安　题

三清殿 郭勋安 题

通明殿 郭勋安 书

天衷福祐 严宗珍 书

天赐鸿禧 范文明 书

东岳行宫

　　东岳行宫　位于同安城关东三里的凤山山麓，坐北朝南，系左补阙兼太子侍读薛令之建于唐玄宗开元后期至天宝年间。20世纪60年代兴建环城公路，中、后殿被拆除。前几年里人捐资，于路南又建行宫。主奉东岳仁圣大帝（黄飞虎），配祀甘罗、姜尚、范增、石崇、彭祖、颜回六尊神像。1993年邑人曾海泳、曾华灿父子捐资重建罗森殿和康元帅殿，重建真君庙，并征集张爱萍、启功、刘炳森、邵华泽等十几位名家题书，为古庙增辉。

东岳行宫　启　功　书

神恩浩荡 米南阳 书

东岳行宫牌匾 李连秀 书

东岳行宫牌匾 吴必达 题

圣帝殿 田世光 书

东岳行宫牌匾 成 浩 书

天恩帝德 刘炳森 书

康帅府匾额 邵华泽 书

圣德广被 米南阳 书

康府元帅 张爱萍 书

青礁慈济宫

  青礁慈济宫 位于厦门海沧青礁村岐山东鸣岭之麓，是厦门二十名景之一，全国重点文物保护单位。祀奉宋代名医吴夲。青礁慈济宫始建于南宋绍兴二十一年（1151年）。三十年由宋高宗钦准建五落皇宫式大宫殿，赐名为慈济庙，至淳祐元年（1241年）又奉敕升庙为宫。青礁慈济宫历代均有修葺，现宫内保存的文物十分珍贵。慈济宫经过几年的扩建，规模宏伟，吴真人雕像山脊挺立，庄严肃穆，巍峨壮丽。山门牌坊，雄伟壮观。大帝圣德，声灵远播。

普济群生 连 战 题

普救众生 吴铁民 书

华夏精英 吴铁民 书

武圣殿匾额

文昌殿匾额

海峡神医 谢澄光 书

真人所居 瑞 图 书

慈怀济世 吴江陵 书

宋颜教授书室 方文图 题

青礁慈济祖宫万寿无极牌匾

顺济宫

顺济宫 位于厦门岛内东部海岸的东澳山。奉祀妈祖。南宋绍兴十九年（1149年），状元黄公度（祖籍莆田白湖港里）奉旨南巡，并遵祖上旨意，顺道回乡祭祖，到湄洲顺济庙上香，奉祀妈祖，许愿要将妈祖神迹传遍四海，保护更多的苍生。他在南巡至厦门塔头歇船拜访黄氏宗亲时，听说东澳鲟妖经常作怪，他决心为民除害，遂集资兴建东澳妈祖神庙供奉顺济圣妃。宣明德六年（1431年），郑和下西洋，圣妃神力帮助，所以郑和回归后亲自重修妈祖庙宇，把东澳宫改为顺济庙。康熙二十二年（1683年）妈祖为福建水师施琅随师护航，攻占澎湖，登陆台湾有功。为感谢妈祖的功绩，康熙帝敕封妈祖，并下令各地修建妈祖庙宇。厦门东澳顺济庙修整后改为顺济宫。

顺济宫重建贺匾

银同妈祖天后宫

银同妈祖天后宫　位于同安城关南门。之祀于北宋。根据厦门市《林氏家谱》记载：宋皇祐年间（1049—1054年）湄洲妈祖同宗侄孙林怿任同安书缘，居东市原城隍庙西侧祀奉本家姑婆默神像于厅堂。绍兴十八年（1148年）同安筑城竣工，有司奉请妈祖神像于南门城楼上，祀为司镇神。明嘉靖戊午年（1558年）倭侵南门，神“以阴兵击贼，脸色尽紫”，从此称为“黑脸妈祖”。康熙二十二年（1683年）同安官绅奉旨扩建土窟墘古庙为银同妈祖天后宫。天后宫历代均有修葺，最近修葺为2003年梅月兴工，霞月竣工。天后宫为厦门涉台文物古迹保护单位。

马巷妈祖庙匾额

马巷妈祖庙匾额

洞炫宫

　　洞炫宫　位于湖里区乌石浦社里，洞炫宫为村宫，主要供奉保生大帝和妈祖娘娘。大帝、妈祖，后恩浩荡，神威显赫，两仪同辉，深受海峡两岸信众的敬仰。

五郎宫

五郎宫 位于坂美社东埭。旧址在坂美社下石，称石宫，原用地1300多平方米，下石宫建于明朝中期，至今已有400多年的历史。下石宫时有修葺，至前几年因道路建设需要于2007年农历四月初八拆除，新宫由坂美社老人理事会接受承建，于2008年农历九月十七日落成庆典。

注：妈祖龙王宫位于厦门港沙坡尾

注：乾隆五十二年敕"朝宗宫"御赐"恬澜贻贶"匾。现悬挂于妈祖龙王宫。

凤山祖庙

    凤山祖庙 位于集美区灌口街北侧，始建于明末天启崇祯年间（1621—1644年）。因历史悠久，毁损甚多，后经几次重修、扩建。现在的前殿由海峡两岸信众集资修建。凤山祖庙祀奉清源真君二郎神，后人称之为大使公。凤山祖庙明末清初香火就传至我国台湾地区与东南亚一些国家和地区，台湾奉祀凤山祖庙香火的庙宇达160多座。凤山祖庙是涉台文物古迹和文物保护单位。

凤山祖庙山门匾额 谢澄光 书

凤山古地 陈怀贤 书

灵扬蜀道 陈怀贤 书

皇渡庵

皇渡庵 位于集美后溪苏营社内。原建于苏营村石绳溪渡口（唐宣宗皇帝南巡视曾在此渡口上岸），今尚有旧址。皇渡庵始建于唐宣宗年间，供奉飞天大圣（张圣者）。到清代道光庚子年（1840年）重修，近几年又重新修葺，使其焕然一新。皇渡庵是涉台文物古迹和文物保护单位。

龙虎宫

    龙虎宫 位于同安双溪汇流处下游数百米之溪边社。始建于明初永乐年间，清前重修，乾隆三十六年(1771年)吴必达增建山门，其后屡有修葺。龙虎宫为王爷宫，主祀、配祀、附祀之神祇多达39尊，且道、释、儒三教混杂，兼容并包，可谓明清时代民间信仰三教合一之典型。

德厚流光 范文明 书

真人所居 瑞 图 书

鸿钧再造 吴必达 题

碧溪清趣 吴必达 题 陈瑞琦 书

碧水钟灵 吴必达 题并书

大道宫

大道宫 位于同安双溪公园内，奉祀保生大帝。大道宫坐东朝西，始建年代不详，清乾隆年间修葺。二进保存着清乾隆二十二年（1757年）里人苏超德书题的木刻楹联，嘉庆十一年（1806年）曾观化书题的匾额和咸丰八年（1858年）的石香炉。

鸿钧再造 吴必达 题

泽沛东瀛 叶水湖 书

真人所居 张瑞图 书

道行经天 张 春 书

大元殿

大元殿　位于同安西柯镇瑶头村境内。俗称瑶头上帝公宫，供奉主神北极玄上帝。该殿原名延福堂，是元代都馆林元成生孙林延福为答谢玄帝庇佑，乃献地创建而得名。明代永乐年间（1403—1424年）林延福之孙护部郎中林挺倡修扩建。康熙二十二年（1683年）施琅挥师东征台湾，临行前向玄天上帝许愿，后果遂愿。施琅回归翌年即捐俸重修庙宇。扩大为三殿。因闽南话中"台湾"和"大元"音谐同，为纪念平定台湾伟大功绩，故把延福堂改为大元殿。大元殿以后进行多次修葺，1995年8月底里人林水木等募众捐资重修，使大元殿以崭新雄姿屹立在瑶江之滨。大元殿是涉台文物古迹和文物保护单位。

三忠庙

三忠庙 位于同安洪塘镇三忠村。三忠王宫建于明朝。清康熙五十二年（1713年），县令朱其珍捐俸建屋二椽，延僧供奉香火。"三忠者何？宋文丞相天祥，陆丞相秀夫，越国公世杰也，里人筑宫而施之。"乾隆九年（1744年）黄一惟在三忠庙二进占金石柱镌联赞曰:忠君直伴三仁友，报国能为百世师。"三友人"指殷时尽忠事立的微子、箕子、比干。孔子曰:"殷有三人焉。"这里借典彰扬文、陆、张三人无愧宋室忠臣的浩然正气。

读圣贤书 叶水湖 书

太子灵宫

太子灵宫 位于翔安新圩镇大帽山后炉村。据传灵宫建于北宋太平兴国年间（977—984年），主祀哪吒三太子。灵宫数度沧桑，几经风雨，现为二进天井加拜亭宫殿式砖木结构。太子灵宫背负高峰寨，面襟大帽山，坐北朝南，如神虎坐山，绿树掩映，云烟缭绕，庙前有龟蛇把水口之神迹，环境优美绝伦。

太子灵宫重光志庆贺匾

太子灵宫重光志庆贺匾

太子灵宫重光志庆贺匾

太子灵宫重光志庆贺匾

炎帝殿

炎帝殿 吴孙权 书

炎帝殿 位于翔安新圩镇金柄村。供奉神农炎帝，俗称五谷仙帝，祈求风调雨顺，五谷丰登。

凤寮岳

凤寮岳 又称凤寮殿、后寮岳。位于翔安马巷后寮村凤寮岩。凤寮岩，始建于明永乐年间（1403—1425年），迄今近600年历史。后因年久失修，仅剩残垣断壁，至1928年重修，并把凤阁和保生大帝庙合一处，为三进三开间宫殿式建筑，三进分别供奉上帝公、保生大帝、岳帝爷，合称凤寮殿。前几年又重新修建，朱墙绿瓦，燕尾翘脊，美轮美奂，古色古香。

凤寮宫 陈炎正 书

元威殿

　　元威殿　池府开基祖庙，又称元威堂，俗称池王宫。明万历年间始建于马巷五谷市榕树下，明天启二年（1622年）迁至现址。清乾隆二十九年（1764年）重修，1915年里人倡修，县佑陈锡箴撰文镌碑，1982年居民募修。自明迄今，元威殿威灵显赫，香火鼎盛，名闻遐迩，分炉海内外多达1000多座，一年四季谒拜者成群结队，络绎不绝。元威殿是涉台文物古迹和文物保护单位。

元威殿　集晦翁　书

元威殿　蔡鸣德　书

威泽闽台 余 纲 书

声灵远播 谢澄光 书

威镇闽台 谢水墨 书

威扬海表 许培坤 书

万古流芳 许培坤 书

祐我黎民 许培坤 立

宝位殿

宝位殿 俗称元帅爷宫，位于翔安马巷龙蛟池东北侧，主奉祀洪元帅。洪元帅姓洪名锦，商纣时为三山总关大元帅，后佐周伐纣。在佐周大破万仙阵中，夫妇捐躯。封神榜中被敕封为龙德星。按生前爵位俗称洪元帅、元帅爷。同安一带洪氏均有奉祀。

马巷观音宫匾额 朱鸣冈 题

马巷不二堂匾额 弘一 题

格思堂

格思堂　俗称朱王宫，位于翔安马巷三乡后林。供奉南朝扬州刺史朱启和（当时福建为扬州所属）。朱王爷，名仙，字启和，四川冕宁里人，出身世医，既是鸿儒，又是硕医，相传南朝梁武帝天监年间，入京揭榜医好太后沉疴顽疾被征为太傅，后到扬州任刺史。南巡福建龙岩新罗县时，指挥军民抗洪殉职，立堂祀之，称朱王爷。格思堂始建于清顺治年间，原址在马巷林家池边，后因香火旺，庙小拥挤遂迁至现址。

显明宫

显明宫 位于翔安大嶝镇阳塘社里，供奉保生大帝。显明宫坐落之风水宝地，被誉为"天南海国无双寺，地北鳌头第一峰"。保生大帝威灵显赫，慈怀济世，保安生民，香火旺盛。

显明宫奠安庆典贺匾

回归寺大雄宝殿匾额　陈建书

金嶝回归寺　陈建书

正明堂

正明堂　位于翔安大嶝镇嶝头社里。奉天命代巡狩正明堂五府王爷府地，百年来三易其址，至1987年择此圣地，翌年五月竣工并乔迁。五王爷神威昭正道，救苦消灾，惩恶扬善，王道昭彰，世人有口皆碑。

注：苏碧云是金门人，据清同治年间出使琉球册封正使赵新《续琉球图智略》卷二记载："神苏姓，名碧云，系福建同安县金门人。生于明天启年间，读书乐道，不求仕进。晚年移居海岛，洞悉海道情形，海船均蒙指引平安。殁后，于海面屡著灵异，兵商各船，均祀香火。每岁闽省巡洋，偶遭危险，一经呼祷，俱获安全。"清同治年间，神随赵新两次册封琉球国王（琉球明清为中国属国，1879年被日本吞并为冲绳县），并有四次与妈祖同船护送漕米上京，因此同治三年（1864年）皇帝颁赐"仁周海澨"匾额（现悬挂在小嶝英灵殿）。殿前石柱镌刻长联"苏神威扬封琉球震龙府，王道昭彰护京米晋爵爷"。

厦门城隍庙

厦门城隍庙　位于思明区南华路11号之二。20世纪70年代由民间人士修建而成。台湾吴伯雄先生亲笔为厦门城隍庙题写牌匾，2010年11月4日上午，厦门城隍庙举行隆重揭牌仪式，海峡两岸城隍庙组团前来参加，盛况空前。

厦门城隍庙　吴伯雄　题

后溪城隍庙

后溪城隍庙　位于集美后溪镇城内社。始建于康熙元年（1662年），至今有300多年的历史。城隍庙历代均有修葺，1958年庙被拆毁，改建仓库，仅留石雕门匾"临海门"置于旧庙附近。

1821年同安人陈金绒奉请霞城城隍爷金身渡台，陈氏第六代孙陈国汀（明正）感念神恩，回大陆寻根。1991年陈国汀之妹陈文文小姐前来确认"临海门"石匾，落实对真。回台后，筹资新台币1300多万元，并于1991年6月7日亲自前来奠基动土，在旧址重建霞城城隍庙，落成后颇为壮观，金碧辉煌。

马巷城隍庙

马巷城隍庙　位于翔安马巷镇街里。马巷城隍庙为两进两廊，天井中置拜堂。门楼系山门结构，两侧嵌有青岗石浮雕，六龙栩栩如生，有呼之即出之势。后堂主祀威严肃穆的城隍爷、神态各异的十八司官和慈祥和善的注生娘娘等诸神明。前堂塑有高瘦吐舌的谢将军（保长公）和胖矮裂目的范将军（犯无救），告诫众人"做事昧天理须防铁链钢叉"。

马巷城隍庙山门匾额　谢澄光 书

文武庙重修庆典贺匾

马巷城隍庙山门匾额　陈瑞琦 书

马巷城隍庙山门匾额　许培坤 书

半岭土地公宫

半岭土地公宫 位于厦门东坪山半山腰福地。相传，几百年前，东坪山社里通往外界只有一条小路，先民靠这条小路进出与外界沟通。时间长了，就在山腰修土地庙，供奉土地公，祈求社里平安。土地庙始建迄今已有几百年历史，深受东坪山一带善信的信仰。土地庙几经修建得以保存下来，2002年经善信施愿，重新修建为土地公宫。2008年又修建了山门，铺设扩建登山道台阶，大大方便了游客和信众。

涌福禅寺匾额 性映题

仙岳山土地公庙

　　仙岳山土地公庙 始建于宋，俗称岩仔内土地公宫，乃塘边四周百姓所立。至明正德年间，年久失修，忽生虎患，塘边诸社，乃户捐缘银，重修土地公宫。明万历、清同治宣统年间，乡民屡有重修。改革开放，万象更新，2006年冬，海峡两岸及海外信众捐资数千万元，重建宫庙，历时一年又十个月，于2008年八月二十日落成，并举办了海峡两岸福德正神文化节，两岸信众，人山人海，盛况空前。自此以来，香火鼎盛，恭祈福德正神，乃万民感恩之心。

养真宫纯阳吕祖匾额

能仁寺　谢澄光　书

注：养真宫位于思明区大同路养真宫路32号。

马 氏

　　马厝马氏家庙 位于湖里区金山街道高林社区马厝社里。马姓承赵奢。望出陕西扶风，唐朝河南马氏入闽，宋朝以后马氏族人遍布福建。马厝社始祖于宋朝年间迁居同安嘉禾里二十一都（今马厝社），开基创业，始建马氏家庙。马氏家族世代繁衍，人丁兴旺。马氏家庙于2007年农历三月二十一日破土重建，现家庙修葺一新。

马氏家庙重建落成志庆贺匾

马氏家庙重建落成志庆贺匾

方 氏

烧灰方氏宗祠 位于同安区祥平街烧灰社区。华夏方氏始祖讳雷，神农后裔。方氏宗祠建于何年无从稽考。1929年，祠旧倒塌，1989年，烧灰裔孙合力重建，2008年又拆除在原址重建，加建底层，上层为宗祠，祖祠精雕细刻，金碧辉煌，雄伟壮观。2009年升祧大典。

方氏宗祠重建落成志庆贺匾

方氏宗祠重建落成志庆贺匾

方氏宗祠重建落成志庆贺匾

方氏宗祠重建落成志庆贺匾

方氏宗祠重建落成志庆贺匾

方氏宗祠重建落成志庆贺匾

赵厝方氏家庙（马巷）

赵厝方氏家庙 位于翔安区马巷镇赵厝社里。方祖自十四世应孙祖、十五世元翁祖父子于南宋从莆田方巷徙居烈屿获头，十六世元翁祖长子出赘赵厝即初始也，迢后子孙繁衍分布于同邑之洋头、前厝、下溪、东山、烧灰、任畲，安溪内霄等地。人丁昌盛、繁荣，赵姓外迁，于清道光七年（1827年）起建祖祠，光绪廿一年(1895年)重修，至今已百余年，亟待维修，赵厝诸父老决心重修。遂邀同祖各村同心协议自愿奉献，并按丁口捐助集资，共襄再修盛举。

方氏家庙 方友义 书

方氏家庙落成志庆贺匾

方氏家庙落成志庆贺匾

方氏家庙落成志庆贺匾

方氏家庙落成志庆贺匾

王 氏

高浦王氏宗祠（杏林）

高浦王氏宗祠 位于集美区杏林街道高浦社里。属闽王审知公派系兴建鹤浦祖庙，经被荒废，裔孙不忍，发动宗亲捐资，于1991年4月11日兴工，1994年12月告竣庆安。

高浦王氏宗祠落成志庆贺匾

高浦王氏宗祠落成志庆贺匾

高浦王氏宗祠落成志庆贺匾

凤林王氏祖祠（集美）

凤林王氏祖祠 位于集美区侨英街凤林社区。开闽王审知祖后裔肇庆乃凤林始祖。清康熙二十六年（1687年）迁建祖祠，历300余年沧桑，经多次修复后仍有坍塌之危。裔孙商议，再次重建扩建祖祠之业，并于1996年12月奠基，于1997年8月落成。

凤林王氏祖祠重建落成志庆贺匾

凤林王氏祖祠重建落成志庆贺匾

凤林王氏祖祠重建落成志庆贺匾

珩山王氏家庙（集美）

珩山王氏家庙 位于集美区侨英街后垵社区。家庙始建迄今数百年历史，最近一次修建为2004年。

开闽王审知公，第十二世裔孙二十郎，生子四人，长子廿六郎履大，乳名寅郎，迁居永安县黄宁村洪田社。二子廿八郎履津，乳名亥郎。三子卅郎履祭，乳名子郎，徙迁永春苏坑发展。四子三二郎履元，乳名五郎，赘入缺塘发展。

审知祖第十三世裔孙廿八郎履津亥郎祖娶苏学士之长女为妻，于南宋宋端宗年间，从福建泉州府南门外南安县弘墩移居同安县西门外苧溪桥苏营社石龟山洪渡庵。亥郎之子西畴，再由苏营迁龙山头（珩头），开发今珩山十八社，迄今繁衍四十多世。

西畴祖生子五人，长子，子长，能诗善文，德高望重，二子，子环立心行善，乡人敬爱，三子，子和，为乡里所重，均居珩山发展。

珩厝东王祖祠（新店）

珩厝东王祖祠　位于翔安区新店镇珩厝社里，据族谱记载，东王祖祠系世祖旋观合族人建于明末，清道光廿七年（1847年）重修。祖祠因多年失修，已有倒塌之危，全族父老莫不关切，自修建董事会成立后获海内外宗亲热心支持，捐款集资，祖祠于1998年农历十月十六日开工修茸。

东王祖祠重修落成志庆贺匾

珩厝西王祖祠（新店）

珩厝西王祖祠　位于翔安区新店镇珩厝社里。祖祠建于明崇祯末年，清雍正年间重修，1998年再修并奠安。

奉直大夫王缓然牌匾

注：珩厝西王祖祠有王肇智、王泽观、王飞龙三方文魁牌匾，上方为其中之一。

地官大夫王佐牌匾

欧厝王氏小宗(三房)(新店)

欧厝王氏小宗（三房） 位于翔安区新店镇欧厝社里。

万世千秋牌匾 王 昇 书

贡生王瑞凤牌匾

抗日英雄陆军少将王梆时牌匾

王氏宗祠落成志庆贺匾

王氏宗祠落成志庆贺匾

王氏宗祠落成志庆贺匾

欧厝王氏小宗（二房）（新店）

欧厝王氏小宗（二房） 位于翔安区新店镇欧厝社里。

白 氏

瑶头白氏祖祠（西柯）

瑶头白氏祖祠 位于同安区西柯镇瑶头社里。瑶头祖居始建于元至正初年，入闽鼻祖肇元公，任职泉州总管府，兼理银同刑事，喜瑶水钟秀因择址定居……祖居荒置为墟，韶华流逝，倏忽百年，入安裔念水源木本屡思重建，清康熙乙未年间，英贤虚思基久废，再提议或捐金或献工兴工重构。乾隆年间又重修，道光四年（1824年）再修。1964年，破旧立新，祖祠改建为小学校舍。改革开放后，海外众族亲要求重建瑶头祖祠。后经协商，小学拆迁另建，双方同意在原有祖基上重建白氏祖祠，1988年2月兴工，翌年告竣。1992年4月晋主庄成。各宗亲代表欢聚一堂，同兹庆典，600多年之祖居重放光彩。

文安白氏宗祠（思明）

　　文安白氏宗祠（垂裕堂） 位于思明区文安街道水仙路36崎巷。白氏垂裕堂宗祠建于清道光年间。堂中供奉白氏入安始祖逸宇公暨各宗支祖先神位。抗战前旅厦族亲在此春秋祭祀，集会结社，开展敦宗睦族各种活动，嗣后因日寇进占，继而社会变革，活动停止，厅堂护厝被占用改建，面目全非。改革开放后，新加坡白氏公会重振祖业宗风。1984年委托族亲凤毛收回产权、使用权，代办"双登"手续，总面积408平方米，建筑面积370平方米。由于年久失修，堂屋残朽倒塌，成为危房。厦门市城建局屡次促修。为维护祖业和族誉，1996年11月各地族亲各尽所能踊跃捐资，同时成立建委会动土兴工，次年5月工程告竣，祠堂重放光彩。

白氏宗祠垂裕堂匾额

白氏宗祠牌匾

石　氏

坂美石氏宗祠（金山）

　　坂美石氏宗祠 位于湖里区金山街道五通村坂美社。据族老介绍石氏族人迁来坂美有数百年历史，宗祠始建至今有200多年，宗祠年久失修，比较破旧。前几年，部分族人建分祠，并于2011年冬举行落成奠安志庆。分祠大门柱贴有"宋室尚书府，银同甲第家"对联。

卢 氏

古庄卢氏宗祠（同安）

古庄卢氏宗祠 位于同安区大同镇古庄社里。卢氏族郡望河北范阳，自唐入闽衍于银邑，已历千余载，同安卢氏总祠，1985年宗祠修葺，掘地得砖契一合，上有纪事，始知本祠兴建于明正统十年（1445年）前，迄今560余年。岁月沧桑，虽距仅20余秋，然漆剥梁蛀，椽腐，不复旧观。遂于2007年桐月，由海内外宗亲成立同安卢氏宗祠修葺理事会，各裔孙积极捐款，使宗祠修复，焕然一新。

唐僖宗授命卢邹侍御中丞牌匾

南澳提督卢士肃牌匾

卢氏宗祠奠安志庆贺匾

卢氏宗祠奠安志庆贺匾

卢氏宗祠奠安志庆贺匾

卢氏宗祠奠安志庆贺匾

叶 氏

佛岭郡马府叶氏家庙(同安)

郡马府叶氏家庙 位于同安城南门外佛岭下，府中祀佛岭叶姓八世祖、南宋末年郡马叶益，唐末叶洙随王审知入闽与子叶熹于龙纪元年（889年）卜居佛岭。南宋理宗时，叶氏八世祖叶益娶宋魏王妹，建郡马府居住（今已修复为叶氏祖祠），祖宅即建为寺庙，延僧住持，号佛冈古庙。元初与郡马府一起被毁，仅遗照墙，址于甘露亭东北100米处，宅基尚存，1992年由海内外叶氏族裔集资重建。郡马府坐北朝南，中轴线上由南至北依序为照墙、旗杆埕、家庙、文昌阁，占地2170平方米，照墙中以彩瓷片制成麒麟，两侧以黑砖砌成寿字。家庙正间屋顶建太子亭，乃纪念宋度宗赵禥为太子时探视其姑母赵恒（环娘）的建筑物，背上置独角犀，檐下有九曲涵。二进为家庙祖厅，后有文昌阁，祀文昌帝君及魁星，是同安规模较大的宗祠之一。

郡马府牌匾 王秀南 题

理宗淳祐辛亥年钦赐郡马府牌匾

郡马府牌匾 郭勋安 题

注：郡马府挂有叶成章、叶旸、叶明元等四方进士牌匾，
　　上方为其中之一。

大明万历钦赐叶向高牌匾 王秀南 题

探花及第叶时茂牌匾

郡马府牌匾 叶选平 题

莲坂叶氏家庙（嘉莲）

莲坂叶氏家庙（莲溪堂）位于思明区嘉莲街道莲坂社区。据莲坂叶氏族谱记载，南宋绍兴年间(1131—1162年)，漳州叶浦社叶十三郎迁入莲坂，为莲坂叶氏开基祖。清乾隆年间莲坂叶氏族人大量迁居台湾。1989年以后台湾叶氏宗亲开始回乡寻根，并捐资重修宗祠。后因城市建设需要，莲坂村整体拆迁，莲溪堂于2005年10月在莲坂埭头易地重建。2007年3月17日两岸叶氏宗亲汇聚一堂举行落成庆典。

莲溪堂祖庙重建落成志庆贺匾

武进士 叶弘祯 牌匾

莲溪堂祖庙重建落成志庆贺匾

注：莲坂叶氏家庙挂有叶愍、叶复、叶佰熊、叶颐、叶元涛、叶君实、叶启狄、叶翼云、叶弘祯、叶则们、叶狄初、叶振琳、叶广熙等13方进士牌匾，上方为其中之一。

莲溪堂祖庙重建落成志庆贺匾

莲溪堂祖庙重建落成志庆贺匾

翰林院庶吉士叶大年牌匾　武状元承节郎叶颐牌匾

路下叶氏支祠（汀溪）

路下叶氏支祠 位于同安区汀溪镇路下村社里。祖祠建于明初，至今600余载。清乾隆年间重修，1940年初进行小修。祖祠年久失修，基础下沉，2001年葭月宗亲代表会成立筹建顾问组，于2002年春动工，祖祠保留原风格进行修缮，重修告竣后，祠宇美轮美奂，颇为壮观。

皇明万历己未科甲进士叶成章牌匾

路下叶氏家庙（汀溪）

佛岭叶氏二房家庙匾额

佛岭叶氏二房三宗祠落成志庆贺匾

佛岭叶氏二房三宗祠落成志庆贺匾

纪 氏

后麝纪氏家庙（洪塘）

后麝纪氏家庙　位于同安区洪塘镇后麝社里。纪姓在洪塘有十八社，由七个行政村组成，大部分分布在福厦线之南，北连郭山，东依官山，西拒石浔，南出大海。纪氏宗祠坐落在大乡村之中，坐北朝南，前有龙虎朝江，后依四兽三山为后帐，左有龙江分南北，右有全龟朝北斗，卧麟凤而安寝临江汉以明志，纪氏家庙最近一次修葺为1989年10月正式兴工，1991年1月20日全部完工。

进士纪泰牌匾

武举人捷魁牌匾

注：纪氏宗祠挂有钦赐中式纪壮猷、乡进士礼部祠祭
　　清吏司主事纪石青二人牌匾，上方为其中之一。

经元纪鸣球牌匾

纪文畴牌匾

纪南书、纪石青父子牌匾

江 氏

贞庵江氏家庙　位于海沧区海沧镇贞坂村社里。该堂追溯先祖自鼻祖伯益公传一百余世，至宋末万里公为国殉难以尽节后，万载、万顷二公扶护宋帝昺入闽并携带子侄卜居思明嘉禾之汤坂。因后裔繁衍迁徙至海澄县都下集兴保祯庵社。

该堂始建于元末，距今600余年，历经修葺，因在20世纪50年代为培育子孙，曾改为课堂，后获人民政府的关怀新建校舍，祖祠重复祭祀之仪。众裔孙集资修建祖祠，于1997年底动工，1998年元月落成。

岭头江氏宗祠（汀溪）

岭头江氏宗祠　位于同安区汀溪镇五峰岭头社里。宗祠因久失修，破损难观，2001年8月，由江态婴、江少华、江清湖、江良水提议，该祖祠应及时翻建。山坪、岑头、茂林、火烧埔及迁居同安各地江氏都一齐呼应，产生理事，由众人集资，齐心协力，于2001年十一月初三日落成。

诰命江仰山荣禄大夫牌匾

敕封江乾郎于康熙年间平台湾有功授千总功加左都督牌匾

刘 氏

枋湖刘氏家庙（湖里）

枋湖刘氏家庙 位于湖里区禾山街道枋湖社区，据该村刘氏长老介绍，枋湖刘氏先祖从翔安刘五店迁来已有二百六七十年，子孙繁衍，生生不息。祖祠始建何时未详，但最后一次重建为1995年。

刘氏家庙重建落成志庆贺匾

刘氏家庙重建落成志庆贺匾

宋厝刘氏家庙（新店）

宋厝刘氏家庙 位于翔安新店镇宋厝社里。刘氏刘溪派祖谠公（刘氏武穆锜公八世孙元真公次子），字元硕，号俨翁，居西林，因就业移往对面大溪垱，名曰刘溪，即称刘溪派（刘厝）。后又移宋厝，到十四世一支徙居同安东桥，一支徙居八都田中央，一支徙居兜鸡母岫。现已衍至第三十世。

刘氏家庙落成奠安贺匾

宋高宗皇帝御书忠精贯日牌匾

吕 氏

吕厝吕氏家庙（西柯）

吕厝吕氏家庙 位于同安区西柯镇吕厝村社里。长顺公（1371—1449年），字宗裕，号潜德，明洪武二十六年（1393年）从母李氏偕二弟潜溪由浯江（今金门）刘沃吕厝迁徙同安顺里三都霞崎石井（今吕厝），以教为谋。看到内地处沿海，土地肥沃，乃鱼米之乡，交通便捷，又有异姓乡亲关怀和支持，便置地建居，既奉母长斋拜佛，也为教读生徒学堂，后把学堂改建为宗祠。

据吕氏族谱记载，吕氏家庙于明正统甲子年（1444年）重建后座，明景泰丙子年（1456年）续建外座门楼，乾隆壬辰年（1772年）复盖张左右及前面园宅，2006年家庙翻建时，从大厅后面地下挖掘分金记载，吕氏家庙于光绪三十年（1904年）冬月再次翻修。随着岁月的推移，家庙受自然侵蚀破烂，众宗亲于2006年10月择时动土，历时一年多，新庙于2008年6月落成，祖祠融古今建筑风格，纳闽台建筑风貌，颇具特色。

进士吕文轩牌匾　　　　　　　　　　　　　　通判吕大宜牌匾

卿朴吕氏宗祠（祥平）

卿朴吕氏宗祠 位于同安区祥平街道卿朴大社下角里村。吕氏祖先从金门迁入卿朴大社已有700多年历史，繁衍子孙，人丁兴旺，成为望族，还迁居印尼、新加坡等国发展。

宗祠于明代嘉靖年间，由第三世祖惠政之子吕愈盛、吕愈睦携手组建小宗祠，同治二年（1863年）重建，2009年又重建，并将一落改建两落，水磨石墙、石柱、石雕，楹联、匾额甚多，宗祠焕然一新。

孙 氏

高林东孙家庙（金山）

高林东孙家庙 位于湖里区金山街道高林社区，东孙家庙抗战期间被日寇焚毁，改革开放后由东孙宗亲益连、清田、大知、川龙、里忠、进丁、水受等发起人，多方发动筹资，于1992年开基重建，1993年12月9日，举行落成庆典。

泥金东孙小宗（金山）

泥金东孙小宗　即孙氏二房宗祠，位于湖里区金山街道五通泥金社里。东孙者，乃源自河南光州府固始县，886年迁徙福建福清后三兄弟分支，老大、老二分别迁徙惠安、泉州，老三讳朱，号扫松，徙至小演村（泥金社英扈兜），北宋年间三徙同安嘉禾里开拓柳塘，续后五兄弟分开。长子分田头房，三子分西林房，四子分坂上房，五子留于柳塘，故二子讳僧分泥金（涂任）。僧公有子五，分五房，清末，二房后裔始建二房宗祠，传承先祖堂号为乐安，由于沧桑巨变，原祠堂日渐遭损，1992年曾进行小修，为感先辈恩典，颂祖宗功德，二房宗祠于2009年在原地重建，同年11月18日（农历十月初二）落成。

东孙二房宗祠重修落成志庆贺匾

东孙二房宗祠重修落成志庆贺匾

东孙二房宗祠重修落成志庆贺匾

东孙二房宗祠重修落成志庆贺匾

东孙二房宗祠重修落成志庆贺匾

东孙二房宗祠重修落成志庆贺匾

东孙二房宗祠重修落成志庆贺匾

许 氏

东界许氏太岳祖祠(新店)

东界许氏太岳祖祠 位于翔安区新店镇东界社里。东界许氏先祖宋朝从同安迁入新店东界,祖祠始建至今有数百年。东界许氏子孙分居海外繁衍,名士乡贤辈出。马来西亚裔孙许子根任槟城首席部长,为祖祠添光辉。

下许许氏家庙（新店）

下许许氏家庙 位于翔安新店镇许厝社区下许村。许氏祖先明嘉靖年间徙居文山十三都，即今之下许村，世代繁衍历三十二世。阅历数百余年。许氏祖祠始建于清雍正辛亥年（1731年），至今280多年，历经沧桑，于1995年9月兴工重建，1997年农历十一月初九日进安大典。

双沪许氏家庙（大嶝）

　　双沪许氏家庙　位于翔安区大嶝镇双沪社里。双沪许氏始祖良森公系萧山聚公第十八世孙，明朝正统年间由新店下许迁居至此。昔时茅屋三间，渔舟一叶，经500余年繁衍，子孙兴旺。始建祖祠三座，惜乎天灾人祸，后祖祠在抗日期间被日寇飞机炸毁。余两座在"文革"期间被拆除，多位海外宗亲欲回乡寻根觅祖，追本溯源，却无祭之所。后经众宗亲及海外宗亲捐资，择白头掘龙须之吉地合建许氏家庙，1992年5月25日动工，1994年正月十二日竣工。

宋孝宗乾道壬辰科黄榜进士许衍牌匾

许氏家庙重建落成志庆贺匾

前堡许氏宗祠（小澄）

前堡许氏宗祠 位于翔安区大嶝镇小嶝社前堡村。小嶝许氏的灯号"金马玉堂"，系金门珠浦五十郎公，讳忠辅公派下三房大前厅，第九世裔孙邦灿公，于明朝弘治年间首选小嶝，尊为小嶝一世祖，至忠辅公十四孙，君衫公和许八公，于明末清初再创小嶝基业，为清开基大祖，世代繁衍、人丁兴旺。

许氏宗祠 许经祥 书

许氏宗祠重建落成志庆贺匾

许氏宗祠重建落成志庆贺匾

许氏宗祠重建落成志庆贺匾

许氏宗祠重建落成志庆贺匾

朱 氏

后亭朱氏宗祠（马巷）

后亭朱氏宗祠 位于翔安区马巷镇后亭社里。银青后亭朱氏一脉相承，陈氏衍流至宋朝真宗时远祖公十五世孙义公，名恕，官任谏议大夫、大仆侍卿、赠银青光禄大夫、上柱国，后辈即取"银青"为堂号，以《千字文》每句选一字为辈序。朱陈氏原由厦门禾山陈福全入赘朱氏祖婆为婿，传朱氏子孙后代成族，迄今立世500多年，自福全公至今已32代。嗣裔遍布同安、翔安及海内外许多国家和地区，枝繁叶茂，人才辈出。

先祖友梅公派下开基马市（马巷），银青朱陈先祖福全公在马巷侯亭（后亭）披荆斩棘，呕心沥血，开基祖业，筑造宗祠，供奉祖先灵位，春秋祭祀，香火鼎盛。清代屡次修缮，民国再修。时届20世纪末，祖祠已呈橼朽瓦落，屋漏墙倾，宗亲贤达倡议重修，族人响应成立理事会，筹款募捐，1997年二月初八日动工，同年八月落成。

清咸丰钦赐第一名举人朱超增牌匾

朱氏宗祠重修奠安志庆贺匾

朱氏宗祠重修奠安志庆贺匾

朱氏宗祠重修奠安志庆贺匾

朱氏宗祠重修奠安志庆贺匾

朱氏宗祠重修奠安志庆贺匾

朱氏宗祠重修奠安志庆贺匾

庄 氏

祥路庄氏家庙（祥平）

祥路庄氏家庙 位于同安区祥平街祥路社区。开基祥露始祖永乐十四年（1416年）移居郊外西桥之祥露，承祖辈遗愿，为报青一世祖妈蔡氏抚带长子公哲公开基同安之恩德，于永乐十八年（1420年）卜吉佳谶马蹄真穴，兴建庄氏祖庙。康熙四十一年（1702年）祖庙迁出四丈三尺重建，乾隆四十一年（1776年）祖庙接原始建基再次重造，1949年因不慎失火，祖庙烧毁，菲律宾锦绣宗亲总会，为报一世祖妈蔡氏恩德，于1988年，捐资重建家庙，于1990年1月落成。

万历乙未科殿试一甲第一名庄际昌牌匾

陈 氏

南院陈太傅祠（同安）

南院陈太傅祠 位于同安区大同后炉街常青路17—19号。陈太傅祠系明朝永乐年间首建于县城西北隅葫芦山麓。明嘉靖年间扩建，清代道光年间陈化成曾捐俸倡修。1913年及1948年两度重修。此后祠被他用，不事修缮，导致中厅倒塌，破损不堪。海内外陈氏族人集资重建，择于1995年二月初九日动工，至1996年八月十八日竣工，全祠按原址原貌重建，虑及环境变化，地平垫高一尺，前后厅和后界各拓深三尺，宅门扩为四垂式，厢房作为纪念馆，改建两层楼房，整体可谓坚实牢固，美观大方。祠宇轮奂，堂构鼎新。陈太傅祠为厦门市涉台文物古迹。

道光壬寅年五月八日钦赐陈化成为提督忠臣牌匾

陈太傅祠堂奠安志庆贺匾

陈太傅祠堂奠安志庆贺匾

陈太傅祠奠安志庆贺匾

嘉禾陈氏大宗祠(江头)

嘉禾陈氏大宗祠 位于湖里区江头浦园社里。据《南院陈氏谱系》及有关资料，浦园陈氏乃南院陈氏三世陈夷则之后，其开基祖为南院陈忠，第十四世长房孙陈拱。南院派陈氏从第十六世陈良能开始移居金门东埔，时为宋元符年间（1098—1100年）。约于清雍正、乾隆间大量族人迁居台湾。宗祠坐东南朝西北，祀南院陈氏一世陈忠至十四世陈拱等先祖神位。该祠原为二进一天井式，1958年修建江浦路时，门厅被拆除，1996年重修。

嘉禾陈氏大宗祠匾额 陈立夫 题

绍兴八年一甲一名状元及第陈俊卿牌匾

进士陈襄牌匾

注:宗祠挂有进士、文魁、举人牌匾十五方，上为其中之一。

注:本宗祠挂有贺匾十二方，以上是其中四方。

南陈上柱国祠（湖里）

上柱国祠 位于湖里石头皮山，建筑面积361平方米，是奉祀陈喜的祠堂，现为台湾南院陈氏族人回乡寻根谒祖的主要祠堂之一。

关于厦门城的开发史，有"南陈北薛"的说法。据《南陈世家》记载，陈喜系陈夷则之玄孙，南院派陈氏七世祖，赐进士出身，授开封仪同三司上柱国。"上柱国"是唐代勋官的称号，相当于正一品官级。

上柱国祠的前身是资福院，肇建自唐代，历经风雨，屡有修葺，2003年因道路建设需要，祠堂迁至湖里区石头皮山，海内外陈氏宗亲慷慨解囊，募集资金复建祠堂，祠堂于2008年六月破土动工，2009年农历十月竣工。复建成功的上柱国祠，二进两护，燕尾翘脊，硬山顶，四水归堂，面堵石雕和堂内斗拱垂蓬，神龛的木刻，都很精美，彩绘镏金。

史阁名贤陈福山牌匾

文魁陈方璇牌匾

注：本祠有陈文瑞、陈国荣、陈继周、陈士兰、陈沃心、陈弼心、陈思逊等七方进士牌匾，上方为其中一方。

华侨旗帜 民族光辉陈嘉庚牌匾

世劳王家牌匾

提督忠臣陈化成牌匾

厥功至伟陈式锐牌匾

乐育英才陈文确、陈六使牌匾

华宗蕃衍陈文麟牌匾

解元陈大范牌匾

同宣治化陈中京牌匾

英烈陈三民牌匾

辛亥元老陈新政牌匾

银青大夫陈义宋牌匾

陈公祠（思明）

陈公祠（陈化成祠）位于思明区公园街道溪岸社区。陈化成（1776—1842年），字业章，号莲峰，清代福建同安人，出身行伍，官至福建水师提督和江南提督。鸦片战争爆发后，英国军舰于道光二十二年（1842年）五月初八进犯上海吴淞口，陈化成率将士浴血奋战，壮烈牺牲。道光皇帝赐谥号"忠愍"。陈公祠系厦门绅商及陈化成原部属陈胜元等捐资兴建于道光末年。大门门额上置"陈公祠"花岗岩门匾，两侧题有楹联，门厅内悬挂"浩气长存"木匾。陈公祠于1989年及1999年两次重修。为厦门市文物保护单位，涉台文物古迹。

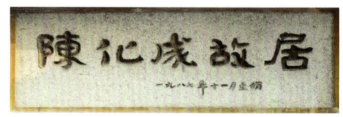

注：陈化成故居位于思明区中华街道草埔垾

陈化成史迹陈列 高 怀书

岑头陈氏宗祠（集美）

岑头陈氏宗祠（南天堂） 位于集美区侨英街岑头社区。颍川衍派集美内头、郭厝、岑头三社。陈氏宗祠南天堂系同邑仁德里十一都港口始祖建南天堂于南宋景炎年间，历史悠久，据考先辈曾修缮两次，至今破损不堪，众族亲为表孝思，光复拯救古迹，四世中公理事，于1994年五月二十九日吉日动工，接原规模风格重建，是年冬月完满竣工。南天堂焕然一新，巍立于临江畔上。

岭兜陈氏宗祠（思明）

岭兜陈氏宗祠 位于思明区莲前街道岭兜社里。宗祠始建于五世，经历代修葺，仍不逊色。至1958年被炮火所毁，1989年为适应海外同胞回籍拜祖寻根之需求，基金会受侨亲之委托，倡议广筹资金翻建。1991年夏，祠成并创办务本幼儿园，诚乃孝思不匮，亦可造福后昆，实两全其美焉。

务本堂匾额 陈大络 题

薛岭陈氏宗祠（江头）

薛岭陈氏宗祠 位于湖里区江头街道薛岭社里，薛岭村陈氏自明朝陈文英父子开基，至今已有20代近500年历史。宗祠明代建造，至今已达400多年。

殿前陈氏宗祠（湖里）

殿前陈氏宗祠（地房祖祠） 位于湖里区殿前街道殿前社里。地房祖祠祀奉陈公阳泰。公与兄真泰，皆明乡绅，光大吾宗，乐善好施，人称长者。祖祠曾于1927年重修，有碑佐证。经数十年，迄今颇多圮损，继同常理事会员及华侨宗亲倡议再修，诸裔孙慷慨解囊，集腋成裘，克期毕功。

注：宗祠挂有陈霄九、陈宗经、陈春红三方文魁牌匾，上方为其中之一。

注：宗祠挂有陈銮正、陈奂成等五方进士牌匾，上方为其中之一。

注：宗祠挂有陈保琳、陈清晖两方武魁牌匾。

博士陈永煌牌匾

民主先贤陈楚楠牌匾

县后陈氏祠堂（禾山）

县后陈氏祠堂（崇本堂） 位于湖里区禾山县后村社里。宗祠始建年代不详，清乾隆三十六年（1771年）重修，据咸丰年重修的《嘉禾陈氏五户谱牒》及宗祠重修碑记考证，县后陈氏乃南院陈氏三世二房陈夷锡之后。约于北宋末年，南院陈氏第十七世祖陈义开基坂上，其后繁衍县后、墩上、下忠、坂上、围里五个自然村，民间称"五户陈"。明清时期，五户陈再分衍金门、台湾等地。

寨上湖陈大宗（殿前）

寨上湖陈大宗 著存堂始祖陈恭献原籍河南固始县，官居一品，光禄大夫。其时宗祚衰退，元兵追临，随宋帝昺南奔至闽，始祖观大势已去，无法匡复，遂弃官冕来石湖避稳而家居，后移寨上，子孙兴旺，至大明建文壬午年（1402年）建著存堂于寨上社，至今已600多年，祠堂于1990年重修宏建。

湖陈大宗族始祖陈恭献牌匾

注：宗祠挂有两方进士牌匾，上方为其中之一。

集美陈氏大祠堂(集美)

集美陈氏大祠堂 位于集美区集美街道浔江社区大社里。集美始迁祖陈基,字朴庵。元初由同安芹溪内迁居集美,居于渡头,后建屋居住(即现宗祠)。

宗祠于明万历四十五年(1617年)重修,同治六年(1867年)再修。1950年陈嘉庚先生回国定居又重修。1984年海内外宗亲集资重修,2011年再修,使宗祠焕然一新。

西亭陈氏宗祠（杏林）

西亭陈氏宗祠 位于集美区杏林街道西亭社区。本祠堂，由入闽始祖定居漳州南院，一世忠公、二世邑公、三世夷则公传宗接代……至西亭大祖祠增保公已二十六世，建祠悠久，有所破损。经家长会议，台湾亲人捐资，众子孙献款同心协力。1992年桂月动工，腊月奠安。

阳翟陈氏家庙（祥平）

阳翟陈氏家庙 位于同安城南开发区。祖籍河南固始阳翟，913年入闽，居同安浯州（金门）阳翟，后迁徙至同安阳翟村，繁衍子孙，人才辈出。宗祠始建于明代，1987年重建。

法学博士陈延进牌匾

注：家庙挂有博士陈笃浩、陈欣两方牌匾，上方为其中之一。

丙洲陈氏祠堂（西柯）

丙洲陈氏祠堂 位于同安区西柯镇丙洲社里。陈氏丙洲开发至今已600多年。昭应庙原为陈、谢、李、宋四姓共建。明弘治甲子年（1504年）建造后落，厥后，他姓迁出，唯陈氏于乾隆甲辰年（1784年）重建八卦亭以及前落。明末清初，因海戎纷乱，宗祠毁坏已尽，清康熙丁亥年（1707年）八月初三动工，至康熙辛丑年（1721年）竣工。乾隆二十年（1755年）重修，五十四年遭毁，五十六年重修，以后历次重修至1988年再重修，2010年再次翻修。

明末清初，丙洲子弟随郑成功入台，此后丙洲人不断入台垦殖，丙洲也是民族英雄陈化成的故乡，其神位一直供奉在祠堂中。该堂是海外丙洲陈氏后裔寻根的场所之一。丙洲陈氏祠堂是厦门涉台文物古迹。

注：祠堂挂有陈捷升、陈聘三、陈大业、陈国栋四人选魁牌匾，上方为其中之一。

注：祠堂挂有陈朝凤、陈朝琮、陈朝元、陈国荣四人武魁牌匾，上方为其中之一。

注：祠堂挂有陈国荣、陈璧二人进士牌匾，上方为其中之一。

会魁陈振彩牌匾 注：祠堂挂有陈廷芳、陈廷芸、陈采立、陈炳南四人文魁牌匾。

華宗蕃衍

克昌厥後

瑞應重熙

君恩祖德

世德作求

同治宣化

功高勛懋

柏舟誓志

鄉國儀型

守備

提督忠臣

浩氣長存

内官陈氏家庙（马巷）

内官陈氏家庙 位于翔安马巷镇内官。陈氏宗祠以莲花山为屏障，以鸿渐山为前案，乃风水宝地，地灵人杰。陈氏堂号为"官山"，"官山"系当地山名，高20余丈，亦称王朝山。现名据说源于宋帝南巡过此登坐而得名。宋时陈国辅由嘉禾里（厦门岛）迁于此，遂以山名为堂号。宗祠堂建于南宋开禧年间，历代均有修缮，2005年又进行重修。官山系南院太傅派分支。

注：家庙挂有陈企业、陈凝策、陈立中、陈立恒、陈甘霖、陈潘素等博士牌匾，上方为其中之一。

注：家庙挂有奉直大夫、中顺大夫、史阁名贤等牌匾，上方为其中之一。

注：家庙挂有陈鸿文、陈贯中、陈廷庭、陈腾蛟等人文魁、举人、解元牌匾，上方为其中之一。

承德郎陈惟清牌匾

山亭陈氏家庙（马巷）

大宋敕封冢宰牌匾

大清同治三年武显将军陈克彩牌匾

同治壬戌科武举陈世印、光绪戊申科武举陈志成牌匾

注：家庙挂有六方贺匾，此方为其中之一。

陈坂陈氏家庙（新店）

曾厝陈氏家庙（翔安）

曾厝陈氏家庙 位于翔安马巷镇曾厝社里。

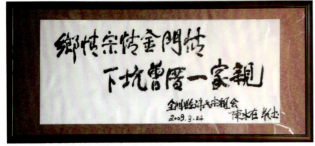

陈氏家庙牌匾　陈水在　题

溪坱陈氏家庙（大澄）

溪坱陈氏家庙 位于翔安区大嶝镇东
埕社区溪坱村。始祖于康熙年间迁居大嶝
溪坱村，子孙繁衍。家庙始建于康熙年
间，年代久远，2005年重建。

陈头陈氏家庙（马巷）

陈头陈氏家庙 位于翔安马巷镇陈头村社里。

道光福建水师陈汉牌匾

注：家庙挂有八方贺匾，上方为其中之一。

诗坂陈氏家庙（新圩）

　　诗坂陈氏家庙　位于翔安区新圩镇诗坂社里。相传家庙建于清顺治年间，光绪丙午年（1906年）重修，后因风雨侵蚀，破损更重，"动乱年代遭劫，荡然无存"。所幸宗亲族人皆不忍坐视祖先开基发祥破损残败，于是共聚一堂同议重修大计。我国台湾地区及星、马宗亲恩典，族外宗亲不忘祖先，慨然解囊，齐心鼎力，众志成城，家庙得以重修。

道光癸卯年陈邦经武举第五名牌匾

乾隆十五年举人陈琅玕牌匾

博士陈耀东牌匾

注：家庙挂有贺匾七方，上方为其中之一。

杜 氏

马銮杜氏家庙（杏林）

马銮杜氏家庙 位于集美区杏林街道马銮社区。开基始祖得禄建家庙，临江背山巍峨壮观。因年久失修，有倒塌之危，时值1981年冬缅侨杜瑞明荣归拜祖，宗亲在家庙召开欢迎大会，倡议修葺家庙事项，委托杜君向海外呼吁。瑞明到港联络宗亲，成立募捐组，又致函新加坡宗亲进行募捐，马銮村成立宗祠维修理事会，众志成城，启土兴工，不辞劳苦，一年而竣工，大功告成，传闻海内外，咸皆称庆，1984年元宵节举成落成庆典，并祭祀祖先。

文魁杜鹏南牌匾

武魁杜光参牌匾

乐善好施杜文艮牌匾

永锡尔类牌匾 锡 珪 题

何 氏

何厝何氏宗祠（莲前）

何厝何氏宗祠 位于思明区莲前街道何厝社区。何氏鼻祖按抚公自唐昭宗时入闽，来东澳何厝开基至今已有五六百年历史，子孙繁衍，人丁兴旺。后至八世裔孙祀溯兴建何厝家庙，历代均有修葺，1930年进行一次大修，最近一次为1992年12月28日破土奠基兴建，1995年4月18日奠安庆典。

榜眼何冠英牌匾

进士何廷献牌匾

文魁何振举牌匾

博士何葆仁牌匾

吕厝何氏家庙（西柯）

吕厝何氏家庙　位于同安区西柯镇吕厝村何厝社里。闽何氏始祖安抚使公讳
衍，号定肃，犬讳嗣韩，河南光州固始人，传仲淑乃东澳之开基祖，仲淑传五子，
第五子天成是同安何厝之开基祖，迄今已500多年历史。本宗祠堂修建于道光年间，
经1956年再维修，早已残破不堪，本宗裔孙溯本寻源，联宗睦族，同心同德，重建
祖庙，集资于1995年三月初三日寅时破土兴建，同年十月初八日落成庆典。

连 氏

白石连氏祖祠（后溪）

白石连氏祖祠　位于集美区后溪镇白石上坂社里。几百年来，上坂祖祠原厝保持，1980年发现厝顶破漏，后经重修。2008年因政府道路拆建征用，上坂族众将祖祠赔偿款重建大祖祠，2009年正月二十四日落成。

西坑连氏宗祠（莲花）

西坑连氏宗祠　位于同安区莲花镇西坑村。宗祠始建于连祖第七世西坑连氏开基祖智祥公［明弘治九年（1496年）］，历经500多年后，祠堂陈旧破损，经商定，重建宗祠，得到社会各界人士及众裔孙热心资助，于2011年正月三十日动工，同年十一月二十二日竣工，并举行落成庆典。国民党荣誉主席连战亲自为宗祠题名。

西坑连氏宗祠匾额 连 战 题

李 氏

兑山李氏家庙 位于集美区后溪镇兑山社里。兑山一派先世始祖仲文号称三十三郎，系君怀祖裔孙，相传来自河南光州固始县。随闽王王审知入闽，兄弟叔侄散处闽地，分居五山。仲文祖遂卜于同安县南人里地山保，至克忠祖之子光禄等始拓田产族日以大，经四奕叶，子孙繁衍。宗祠建于明永乐年间，祠堂虽经历次修建，但因失传，时至1947年大维修。1984年农历九月因后落北边遭雷损，族人决定修建并取得海内外宗亲支持和资助，农历十月初六动土，1985年农历二月初六日完成。

校尉将军段瑞牌匾

伯练乾隆年间诰封校尉将军牌匾

抗日英雄爱国将领李友邦牌匾

进士伯瑞牌匾

通判常春牌匾

省主席良荣牌匾

县丞毓华牌匾

彭口李氏家庙（五显）

彭口李氏家庙　始建于明末，原位于南安彭口半山里，1973年当地建南安山美水库，族人迁居同安县五显镇三秀山下，安居乐业，繁衍子孙。2003年族人倡议集资捐款在三秀山下重建李氏家庙。家庙于春动土兴工，冬末竣工落成典安。

太师李邴牌匾

注：家庙挂有李高攀、李增龄、李攀柱、李宗晋、李进云、李联桂、李志诚、李望甫等八方举人牌匾，此为其中之一。

注：家庙挂有李书耀、李祥麟两方进士牌匾，此为其中一方。

省长李雅碧牌匾

东园李氏宗祠（新店）

  东园李氏宗祠 位于翔安区新店镇东园社里。由于年代远，繁衍播迁，瓜瓞连绵，经历沧桑，时局变化，宗祠归公，改为农具厂。改革开放以来，邻乡宗祠复兴，族人发动捐资，于1989年10月奠基，1990年2月初建成，1997年11月29日奠安。值重建期间承金门李氏宗亲会李炎改会长、干事李文团先生、淘江村李秉璋致力鼓动，获金门山西李中雄先生慷慨捐资10万元，海内外侨胞、同胞心系桑梓，情怀祖先，爱国爱乡，踊跃融资。

注：宗祠挂有李立平、李诚毅两人博士牌匾，
   上方为李立平博士牌匾。

李厝李氏家庙（马巷）

李厝李氏家庙 位于翔安区马巷镇李厝社里。本宗祠开基至今已有数百年之久，因历史资料失传，其细宗事无从查考。以接近之史参考，在1918年全面维修，保持原貌。后经历史动荡几乎毁为平地，于是在1987年又作修复。又因近年白蚁肆行，屋顶漏雨，墙壁风化，再一次发起重修。成立了李厝祖祠重修筹备理事会，所有成员对宗祠满怀热情，兢兢业业，想尽一切办法，使本家祠得以完美。

侯滨李氏家庙（马巷）

　　侯滨李氏家庙　位于翔安区马巷镇后滨社里。溯后滨，自皇明中上叶开基迄今，阅世二五传，历六百春秋，先世所建祖厝，乃一进一小前亭之土木建筑，1946年实施大修。之后，祖祠曾作为学校、食堂、蘑菇房、公社办公之所，受损严重，又于1989年维修。然屋顶漏雨、墙壁斑驳，重修祖祠迫在眉睫，经老人协会商定，举荐乡贤精心设计，制订最佳方案，于2006年吉日奠基，并于2007年农历八月二十四日竣工，祖祠为两落大厝，古香古色，雄伟壮观，流光溢彩，让人赏心悦目。

注：家庙挂有多方贺匾，上方为其中之一。

邱 氏

新垵邱氏家庙（海沧）

新垵邱氏家庙（诒谷堂） 位于海沧区新垵社里。诒谷堂祀新垵邱氏历代祖考，供奉始祖迁荣公及其繁衍各派系子孙神位，迄今二十六世，500多年历史。诒谷堂经1941年和1957年两次重修，均由槟城龙山堂邱公司汇款支付，多年来风雨侵蚀，屋瓦损坏甚重，蚀腐严重，1995年将此情形函告槟城龙山堂邱公司，获得翻修计划和赞助后，于1998年初兴修，当年夏季告成。

振兴新垵 彭 冲 题

前堡邱氏宗祠 位于翔安小嶝。邱葵（1244—1333年），字吉甫，号钓矶，同安小嶝人。为朱熹四传弟子。其师吕大奎被元所害，葵痛愤忘生，为诗感激壮烈，不肯仕元，且送长子必书随张世杰入粤勤王，宋亡后居海南，自立分堂号琼山。后元知其声望甚高，遣御史马伯庸劝其出仕，其仍坚辞，并写却聘诗一首，广为后人传诵。此后长期隐居海岛，耕钓自给，刻志励学，一意著述，有《钓矶集》传世。琼山裔孙户部尚书、武英殿大学仕邱浚，于明成化九年（1473年）返乡谒祖，在宗祠挂"理学名贤"匾额，"功存周礼敷文德，义冠中原秉素心"楹联，赞扬始祖葵公的高风亮节。

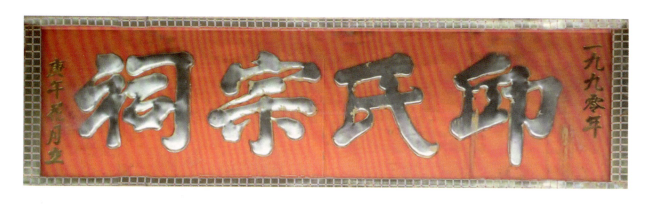

邵 氏

柑岭邵氏宗祠（新民）

柑岭邵氏宗祠 位于同安区新民镇柑岭社里。邵氏系出宗周，始祖为西周太保，召公姬奭累世宰周，德高望重，子孙以召为姓，后增邑为邵氏。同安邵氏堂号东陵，于南宋初移居泉州晋江马坪附近的邵厝。元末晋乱，游学湖潮漳途经同安，卜居西山东麓之橄榄岭，明洪武年间始建邵氏祠堂，并详记洪武廿九年（1396年）所立遗嘱之中，永乐四年（1406年）十一月十五日兴工重建，永乐六年（1408年）初竣工，600年来有修重建，稽者仅六次，2004年11月24日开工，翌年10月31日竣工。自此堂构焕彩，盛世呈祥，村容祠貌为之一新。

崇德报功 邵恩新 题

光前裕后 邵华泽 题

继往开来 邵华泽 题

东陵衍派 启 功 题

慎终追远 刘炳森 题

甘棠余荫 周志高 题

注：宗祠挂有翰林、进士、贡元、武举等多方牌匾，
　　此方为其中之一。

注：宗祠挂有多方贺匾，上方为其中之一。

沈 氏

松兜沈氏小宗(新圩）

　　松兜沈氏小宗 位于翔安区新圩镇松兜社里。唐朝天祐年间，沈氏始祖自河南光州固始县入闽，居福建同安县马巷辖沈井乡(古名金井乡)。嗣后二世祖左仆射封辅国大将军武德侯勇公偕三子沛公入籍漳州府诏安县。元朝后，沈井乡沈氏后裔因故散居晋江、安溪等邑及海内外。迁居松兜、芸头、园下、桂林、后寮（田厝）等村之沈氏祖先于松兜择钟灵龙穴，兴建宗祠，以追思孝，千秋奉祀。原祠宇仅筑一进，中置深井，前置山门，深21米，宽12米，土木结构，颇为简陋。日后，虽于1943年修葺一次，但经60载风雨，虫蚁侵蚀，几乎破坏殆尽，族亲睹之，不忍倾塌，即召五村代表共商是举，均赞重建祖祠，并成立筹建小组，众裔孙踊跃捐资，随即择吉动工，依旧制展进1.2米再兴土木，精心雕琢，玉成华宇。新建祖祠为二进，中间一深井，左右两廊，前进为凹寿形三川门，改木结构为石砖木结构，工兴自2008年3月28日，阅9月而告竣。

宋 氏

嶝头宋氏宗祠（大嶝）

嶝头宋氏宗祠 位于翔安区大嶝镇嶝头社里。族谱载明景泰年间二世祖由福建兴化府莆田县荔城双池巷迁大嶝山顶头上方。拓衍嶝头上宋乡。嗣后建宗祠于榕下，立"荔苑芬芳"灯号以示由来。宗祠曾多次增筑修葺，1983年再次修缮，2003年动土翻建，2007年12月落成，宗祠明亮宽敞，金碧辉煌。

苏 氏

苏颂故居（大同）

苏颂故居 苏颂，字子容，死后封魏国公，谥号正简。苏颂宋天禧四年（1020年）11月20日诞生于同安芦山堂，10岁随父亲赴任，23岁与王安石一起考中进士，从此入仕途，73岁时官居宰相。他是宋代的大科学家。

芦山堂始建于944年，占地1700平方米，为三进双护厝府第，居芦山旁，故称芦山堂。1912年芦山堂进行一番维修，1988年重建前两进，堂中有苏颂坐式雕像，高170厘米，手持《新仪象法要》，大厅陈列柜摆放苏氏族谱，四周墙壁上悬挂着苏氏后裔的八大名人画像。苏颂故居芦山堂是苏氏入闽的发祥地，"芦山"因而成了苏氏的堂号。旅居海外的苏氏后裔只要是芦山堂世系的，同安芦山堂就成为其祖庙，芦山堂前原有一泓清水，苏颂读书时曾在此洗墨，故称洗墨池。可惜，现在只留下有"洗墨池"的石碑。

苏氏大宗 苏步青 题

芦山堂重修落成志庆贺匾

芦山堂 苏步青 题

苏厝苏氏大宗（洪塘）

苏厝苏氏大宗　位于同安区洪塘镇苏厝社里。苏厝祖祠始建于大明宣德年间，经明、清、民国数朝至今庙宇年久失修，墙垣颓败，1985年冬的一场大火将祖祠后院化为灰烬。为此，苏氏子孙无不感愧万分，本境二十四社长老倡义捐资重修，1992年4月16日兴工修建，11月29日告竣，顿使祖祠增辉，古迹重光。

注：宗祠挂有两方进士牌匾，上方为其中之一。　　注：宗祠挂有文魁、武魁、选魁等多方牌匾，上方为其中之一。

澳头苏氏家庙（新店）

澳头苏氏家庙 位于翔安区新店镇澳头社里。苏氏家庙重建工作于1986年开始筹备，获得国内外宗亲的关心和重视，祖祠于1988年1月兴工，1989年农历三月竣工，同年农历八月十三日晋祖。

汪 氏

英村汪氏家庙 位于集美区后溪镇英村社里。据《汪氏族谱》记载，元初，惠安上埔汪隆衍徙居后溪英村，为英村开基祖，清乾隆三年（1738年）英村汪氏族人迁居台北八里方三重市等地。现台湾有汪氏宗亲3万多人，1994年台湾汪氏宗亲回乡寻根。汪氏家庙坐北朝南，两进一天井及左右双护廊式结构。正厅祀英村开基祖汪隆衍等先祖牌位。家庙保存了大量雕工精细的清代石木建筑构件。

汪厝汪氏宗祠 位于翔安区新店镇汪厝社里。

文魁汪迺芝牌匾

亚元汪经朱牌匾

吴 氏

石浔吴氏延陵家庙（洪塘）

　　石浔吴氏延陵家庙　位于同安区洪塘镇石浔社里。据吴氏家庙长老提供，吴氏祖先从福清迁来石浔开基至今有数百年历史，传衍至今为大族，人丁兴旺，人才辈出。家庙建于何时不详，但历代均有修葺。家庙于1987年重新修建。

霞浯吴氏家庙（新店）

霞浯吴氏家庙 位于翔安区新店镇霞浯社里。开基一世祖吴瑞，字赤符，系入闽南京名臣潜公布第五世孙，梅溪笃公之五子。据族谱记载，宋末（1276年）瑞公卜居霞浯落地生根，繁衍生息，明嘉靖年间因受倭寇之乱及天灾之害，时至清康熙二十九年（1690年）始建大宗祠顶落，后进十五架，直至雍正十三年（1735年）续建前落十一架，于1958年大宗祠倒塌，1961年按原基重建，1988年对大宗祠全面装饰，2003年11月大宗祠被福建省文化厅编入"八闽祠堂大全"。2006年重修大宗祠，是年农历八月十六日动工兴建，历时4个月，大宗祠重修告竣，旧貌变新颜。

霞浯吴氏二房宗祠(新店）

霞浯吴氏二房宗祠

霞浯吴氏二房宗祠牌匾

霞浯吴氏二房宗祠贺匾

霞浯吴氏三房宗祠

霞浯吴氏三房宗祠贺匾

霞浯吴氏四房宗祠牌匾

霞浯吴氏二房宗祠牌匾

霞浯吴氏二房宗祠贺匾

霞浯吴氏三房宗祠牌匾

霞浯吴氏三房宗祠贺匾

霞浯吴氏三房宗祠贺匾

霞浯吴氏四房宗祠牌匾

杨 氏

较场杨氏宗祠 位于同安区祥平街较场社区。杨氏祖先元末移居同安霞露，并择地较场创祠于明洪武十七年（1384年），传衍至今为大族。据载祖祠明嘉靖戊午年（1558年）毁于倭乱，荒蔓40余载，其间长房欲阖族重建未得有成，遂于明万历癸卯年（1603年）动用祠一半基盖一小宗祠，然于己巳年（1629年）冬火灾焚毁。族裔孙于1993年11月间成立筹建小组，以集资重建，宗祠于1993年11月25日动土奠基，1994年12月落成。

莲河杨氏宗祠（新店）

莲河杨氏宗祠 位于翔安区新店镇莲河社里。该族系南安郊尾杨氏分支，自明朝四十九郎公肇基莲河。远年湮族大都遗失，未能完整昭穆。杨氏宗祠经1916年顺芳公、庆瑞公同心翻拆已历90余载，其间风雨飘摇，几经战乱，年久失修，后经商议，宗亲鼎力捐资，于1999年重建，完成祖祠重建大业。

杨氏宗祠 吴国平 书

杨氏宗祠重建落成志庆贺匾

余 氏

溪尾余氏家庙（新店）

溪尾余氏家庙　位于翔安区新店镇溪尾社里。窃辈承先绪建宗祠于乾隆年间，前辈首修在光绪十三年（1887年），次修于1947年，延至于1991年阳月重建一新。

明万历姑婆祖余冬娘贞孝牌匾

文魁余一元牌匾

武魁余靖牌匾

张 氏

银霞张氏宗祠(金山)

　　银霞张氏宗祠（思敬堂） 位于湖里区金山街道五通银霞社里。张氏宗祠曾于咸丰六年(1856年)三月重修，为缅怀祖德宗功伟绩，弘扬尊宗敬祖精神，值祠堂年久失修之虞，经本境开明子孙倡议，于2002年春成立银霞社张氏宗祠重建筹备小组，具权负责重建诸事宜。择吉时同年8月15日破土兴工，历经年余，于翌年8月28日竣工。并于2004年9月17日择日安奉历代开基始祖与考姚神位。十月初十日设醮奠安，举行庆典仪式，以祈敦亲睦族，人丁兴旺。

张氏宗祠重建落成志庆贺匾

五通张氏长房祖祠(金山)

  五通张氏长房祖祠 位于湖里区金山街道五通下边社里。建祠祀祖凡人秉性,追溯祖祠之初,启史记散失莫考,唯溯源系出银霞张氏长房雅称宅内,历年六月初一、九月二十一日合族于祠中祀祖。2008年春月,合族贤达有志一同于原址,原坐乙向辛重建,遂订集资征信方案以每人2500元收集,并发动众贤捐资渥蒙,众贤达鼎力支持,同念宗祖之德泽,齐心孝敬之,执诚重建经费裕如,2008年元月奠基,同年11月17日奠安庆成。

板桥张氏宗祠（后溪）

板桥张氏宗祠　位于集美后溪镇板桥社里。张氏讳负先祖自南街之右肇基鞍山于板桥居焉，衍支三大房传使居二十四社南峰之下，因族人艰辛耕耘而昌盛浔江之滨，由子弟勤奋开拓乃繁荣，族亲前贤多有渡海创业者，现我国港澳台地区乃至东南亚诸国皆有血脉相牵，六世祖讳添福公，字肃履，于明朝始建大祖祠。清顺治辛丑年遭兵变而毁，康熙辛未年复基重建，乾隆丁卯年重建。1931年新加坡华侨张孙佬宗长携资回国拟修祖祠，奈因时期靡宁，终未如愿。1953年本祠前堂废坠，1985年由海外宗亲筹资修复。溯源综观悉祖宗创始之艰守业之难，乃先辈孝举，因念祠堂陈朽不堪有失雅观，族内贤士同有此感，故投挈重修，以尽念祖述德世代相传之责。海内外宗视同心同德，共襄盛举，遂于2003年仲春筑，同年孟冬完竣，基础依旧，结构更新，美轮美奂。

东园张氏宗祠（新店）

东园张氏宗祠 位于翔安区新店镇东园社里。据宗祠族老介绍，先祖从金门青屿迁入东门已有600多年，世代繁衍，人丁兴旺，历代人才辈出，是名副其实的忠臣孝子裔，名宦乡贤望族。

注：张氏宗祠挂有御史、文魁、亚魁、拔元等牌匾，上方为其中之一。

注：张氏宗祠挂有父子进士张治庭、张芹基，叔侄进士张对墀、张廷拱，兄弟进士张朝纲、张朝捖牌匾，上方为其中之一。

进士张鹊峰、张澜水牌匾

注：张氏宗祠挂有节贞齐美、节孝等牌匾，上方为其中之一。

西塘张氏宗祠（新民）

西塘张氏宗祠 位于同安区新民镇西塘社里。张氏祖德正公乃唐龙图阁学士，基十四世孙之第三子于宋末由杨子山下垵园携徙银同西门外施茶亭择里创西塘宗基，人丁旺盛，科甲连绵。为缅怀祖先，铭记祖训，于明初在原址修建本宗祠（二房五世祖移居漳郡浦口）。几经沧桑，古祠损坏惨重，族人于1979年10月重修宗祠，又于2003年集资进行祠内修整，重现古朴庄严，壮观气派。

注：张氏宗祠挂有选魁张天麟，副魁张斌，文魁张元和、张炜等牌匾，上方为其中之一。

注：张氏宗祠挂有进士、登科、武魁、明经等牌匾，上方为其中之一。

御史巡按张守庸牌匾

美学博士张平辉牌匾

阳塘张氏家庙(总祠)(大嶝)

阳塘张氏家庙 位于翔安区大嶝镇阳塘社里。张氏祖先在洋塘开辟居住至今已500余载,将当时居住南美改为洋塘。为继承祠堂文化,弘扬宗功祖德,族亲同心协力重建顶份、下份、上山份宗祠,同时重修张氏家庙,据有关史料推之,张氏家庙应当建于明万历年间,家庙为全村共有,1985年重建,1999年和2002年再次进行翻修,使家庙更显壮观。

张氏家庙 高 怀 书

外翰 洪水郑 书

大同巡抚 洪水郑 书

都察御史 叶水湖 书

工部郎中 叶水湖 书

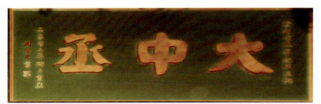

大中丞 谢澄光 书

张氏阳塘顶份宗祠(大嶝)

张氏阳塘下份宗祠(大嶝)

张氏阳塘下份宗祠匾额 谢澄光 书

军门一品 谢澄光 书

都察御史 谢澄光 书

注：张氏阳塘下份宗祠挂有进士、大中丞、大同
　　巡抚、武魁等牌匾，上方为其中之一。

注：张氏阳塘下份宗祠挂有多方贺匾，上方为其中之一。

张氏阳塘上山宗祠匾额 谢澄光 书

工部郎中 叶水湖 书

克绳祖武 谢澄光 书　　　　　兰桂腾芳 谢澄光 书

林 氏

理学贤祠（林希元贤祠）（新店）

理学贤祠 位于翔安新店镇山头村。贤祠建于明，为两京大理寺丞林希元之府第故居，后破损，由宗亲重建。贤祠重现理学荣光。林希元（1481—1565年），字茂贞，号次崖，翔安新店山头村人，少年聪颖苦读，因家境贫寒，中秀才后到凤山天兴寺设塾授徒九年。明正德十一年（1516年）中举，次年连捷进士。初授南京大理寺评事，又迁大理寺正。嘉靖二年（1523年）南道御史谭鲁充军罪犯的行为被揭露，谭鲁畏罪，托人多次求情都被拒绝。谭鲁又求大理寺卿陈琳，陈竟然答应包容，让林希元不要追究。林不徇私情，终因忤逆寺卿遭劾，贬为泗州判官。后因赈灾有功，皇帝嘉许。嘉靖九年（1530年）升任南京大理寺丞。后因辽东兵变，屡次上疏极言姑息之弊，得罪权臣，屡被贬官。林为人耿直，"凡事只论道理，不问利害"。因此仕途坎坷，但从不动摇。去职居家，适逢旱灾、倭患，仍上书为民请命。林希元一生精研理学，著有《易经有疑》、《四书存疑》，与后人编印之《次崖先生文集》，都有独到见解，世称一代宗师，理学名宦，皆足羽翼朱子。

理学名宦林希元牌匾

正德丁丑科进士牌匾

明赐铜山名将武进士牌匾

文莱国苏丹王敕封林德甫丕显拿督天猛公官衔牌匾

下山头林氏家庙（新店）

下山头林氏家庙 位于翔安区新店镇下山头社里。

店里林氏宗祠（金山）

店里林氏宗祠 位于湖里区金山街道店里社区。店里林氏西河衍派传至闽林二十四世国华公移居厦岛店里。为店里开基一世祖。世代繁衍。祖祠曾几度重修，最后一次为2003年，使祖祠面貌一新，蔚为壮观。

西炉林氏家庙（马巷）

西炉林氏家庙 位于翔安区马巷镇西炉社里。西炉林氏家庙始建于何年代，难于查考。经常小修小补，破漏不堪，宗亲们倡议重修并拟扩建前进前落，一呼百应，一致赞同，踊跃捐资，出钱出力，祖庙于2008年蒲月动工兴建，于2009年梅月竣工，葭月十二日奠安庆成。今祖庙焕然一新，壮观胜昔。

锦园林氏宗祠（杏滨）

锦园林氏宗祠　位于集美区杏滨街道锦园社区。始祖振盛公系出"锦里始祖天福公七世孙"（唐九牧八房源出迈公）。600多年前，浪迹锦园搭竹寮，在此定居，以养鸭为生，后裔传承至今已二十五代。锦园原名港园，又名贾园。振盛公后裔世代繁衍，人丁兴旺，不但成为当地一望族，而且播迁到美国、印尼、新加坡等国家和香港、台湾等地区发展。宗祠始建于乾隆年间，曾多次翻修重建，宗祠于2012年四月初二日破土动工，再次翻建，同年十一月二十日落成。宗祠华丽堂皇，雕梁画栋，焕然一新。

钦点翰林林乾牌匾

潘涂林氏宗祠（西柯）

潘涂林氏大宗祠　位于同安区西柯镇潘涂村亨泥社。据大宗祠碑记载：林氏祖先禄公于晋明帝太宁三年（325年）入闽，任晋安太守。家居晋安（今福州），为开闽林氏始祖。后封晋安郡王。唐末景熙公徙居永春桃源，珊公偕父延皓由永春移居安溪西头井兜，五代唐进士及第，长兴元年（930年）以武功加封金紫光禄大夫兼太子太傅上国柱。开创莲美，延皓为莲林金紫一世，珊公称二世，是安溪、同安、长太金紫派祖。世仲麟公忠谏大夫传五子：第四子美宗公宋理宗时入居同安亨泥传四子，开拓同安。长子真虎居祖地亨泥（今潘涂）置业建祠堂，繁衍子孙，人丁兴旺，为同安望族。并播迁移居坑内、马巷、西炉、前埔等10多个族居村。

潘涂大宗祠依元代创建旧址，清康熙三十一年（1692年）重建，康熙六十一年扩建，后多次修葺，最近于2010年依旧址重建，祠堂焕然一新，巍峨宏伟，华丽壮观。

乡贤名宦林一材牌匾

注：林氏宗祠挂有进士林一材、林仁齐牌匾，上方为其中一方。

解元林一祯牌匾

城场林氏宗祠（九牧衍派） 位于翔安区马巷镇城场社里。城场林氏宗祠开基于明朝，至今600余年，子孙繁衍，分子世泽，枝叶茂盛。林氏忠孝：林壮犹捐躯酬国土，尽忠报国，林化衷刈股事亲人，尽孝受爵，子孙繁荣，当迢祖德。宗祠坐山面海，狮岩遥拱，独占形胜。1923年海内外诸乡亲集资扩建，益壮观瞻。1976年，不幸失火，毁于一旦，家乡亲人虽思重建无奈力不足。1987年经华侨倡议，乡亲协力，成立重建理事会，于1988年6月建成。

清嘉庆赐林化衷纯孝宿儒牌匾

注：宗祠挂有进士林伯若、文魁林朝基牌匾，上方为其中之一。

大清戊戌年闽科举二十二名林鸭霄武魁牌匾

琼头林氏家庙（马巷）

　　琼头林氏家庙　位于翔安区马巷镇琼头社里。林氏祖先明朝洪武三年（1370年）从厦门禾山店里迁至马巷琼头村，至今已有600多年历史，宗祠已久未修，1986年承蒙华侨林谋岭先生倡议重修事宜，众裔孙和谐共举，即成立重修理事会，精心筹集资金，林裔孙积极响应，顺利于当年竣工，即乘龙典安，敦族言欢。

郑 氏

鹤浦郑氏家庙（杏林）

　　鹤浦郑氏家庙　　位于集美区杏林鹤浦（高浦）社区。祖祠郡望（灯号）荥阳，堂号带草。天未蓬来，宋时文公之题咏；海隅枢纽，明初洪武之建城。鹤浦郑氏肇自闽长乐之福湖。明初，始祖曰郑崇，讳兴宗，字开先，以任高浦守御千户所总旗使之职，而迁来开基于此，鹤浦郑氏家庙建自明弘治年间（1488—1505年），四世祖冠带乡宾郑文琪、文瑜昆仲之力巨矣。而清初迁界，一朝随高浦所城夷作平地。台海安澜以后，幸族人重修。尔来岁月不居，风侵雨蚀，已凋敝殆尽矣。其间虽经1985年之修葺，奈无复昔日之宏规焕彩。2005年之吉旦，族人聚而议之，曷不倡募鸠资，俾祖庙重光，蒸尝再继。于是集腋成裘，庀材动工。肇始于2005年六月初四日，历3个月而工竣。

注：郑氏家庙挂有进士郑升、亚魁郑千秋、郑中附牌匾，上方为其中一方。

注：郑氏家庙挂有中宪大夫郑宪、郑邦卿、郑沐、郑文瑁四方牌匾，上方为其中一方。

建国公郑彩牌匾

中央监察委员郑螺生牌匾

定远侯郑联牌匾

骠骑将军郑德牌匾

田墘郑氏家庙（大嶝）

田墘郑氏家庙 位于翔安区大澄镇田墘村。据传，郑万娘姐弟父母早亡，艰难度日。万娘贤惠善良，乡民赞誉，求婚甚多。但万娘剪发暗誓不嫁，立志将弟弟萧山抚养成人。岁月匆匆，萧山长成，又将婚配。一天，见悬挂丝筐有鸠鸟筑巢，产孵出两只小鸠。万娘不忍惊动，细心照料。小鸠长成，与母鸠相继振翅远飞，触景生情，黯然泪下，自感责任完成，姐弟难免分离，于是悬梁自缢。其弟聆遵教诲，克勤克俭，子孙繁衍。族人志其贞德，立庙祭祀。至今，田墘村民每逢正月初五，必隆重祭祀，尤以添丁之家为甚。

注：郑氏家庙挂有会魁、解元两方牌匾，上方为其中之一。

刘山郑氏宗祠（西柯）

刘山郑氏宗祠 位于同安区西柯镇洪塘头刘山村。

民国元勋郑螺生牌匾

注：宗祠挂有郑用锡、郑升两位进士牌匾，
　　上方为其中之一。

郑坂郑氏家庙（马巷）

注：郑氏家庙挂有大学士郑雨生、郑冬斯牌匾，上方为
　　其中之一。

郑坂郑氏家庙 位于翔安区马巷镇郑坂社里。郑坂
村自开发至今已有600余年的历史，祖庙始建至今已400
余年，经五次重修，20世纪90年代又重新修茸一新。

注：郑氏家庙挂有硕士郑琨琮等牌匾，上方为其中之一。

周 氏

后井周氏家庙 位于海沧镇衙里村。始建于明代，择阐潭映三山踞岩龙凤榕福地人杰三旌堂，先贤为国为民鞠躬尽瘁，恪恤捐躯，御赐四世义烈忠义世家遂为忠义堂，金沙始祖草庭公列祖列宗永享春祀秋赏，子孙奠祭斗转星移，祖庙历尽沧桑数百载，虽几经重修，亦近百年矣，因风云变幻，民苫墙倾，濒临倒塌，由金沙周氏衍派子孙自筹资金每男子献款5元，华侨及在外宗亲自愿献款。1985年5月祖庙重翻新修，1986年基本竣工，于1990年承继延俗隆重奠祭。为加强管理，成立金沙忠义堂理事会，由该会决定金沙周氏子孙自愿献款装修雕造，神龛神牌全面油漆装饰，焕然一新。

杏林周氏家庙（杏林）

杏林周氏家庙 位于集美区杏林街道杏林村社区。据祠堂族老介绍，周氏开基祖从湖南迁来至今已有600多年，子孙繁衍兴旺。祖祠始建何时有待考证，据传有几百年历史。历代均有修葺，最近一次为1994年重修。

周氏家庙

汝南

吏部主政

汝南衍派

汝南开漳 兄弟双进士

卓 氏

蔡宅卓氏宗祠（新民）

蔡宅卓氏宗祠 位于同安区新民镇蔡宅大社里。祖祠创建于明正德庚午年（1510年）距今500多载，至雍正己酉年（1729年）被风雨破坏。乾隆七年（1742年）重修。此后，年久失修，为不使祖祠倒塌，经老人理事会倡议，全体宗亲捐资，于1998年正月廿日动工，按原址原貌翻建。至同年八月底竣工。其间为虑及整体结构实用美观，更改墙体结构用料，厅堂杉柱、石柱，前厅堂两厢房改为石柱走廊式，同时铺筑门口石埕。整体呈现代建筑结构，可谓坚实、牢固、美观大方。

洪 氏

洪厝三诰堂（新店）

洪厝三诰堂　位于翔安新店镇洪厝村。洪朝选（1516—1582年），字舜臣，又字汝尹，号芳洲，别号静庵，翔安新店洪厝人。明嘉靖二十年（1541年）进士。历任户部主事、郎中，吏部郎中，四川按察副使、广西右参政，山西左参政，太卜寺少聊，都察院右检都御使、右副都御使，刑部右侍郎。以左侍郎致仕。

清代同治年间至今，这个村子共有7座祠堂，堪称祠堂文化村。其中柏埔洪氏大宗祠堂由洪朝选倡议并捐俸创建，三诰堂是洪朝选一门三代受封的纪念建筑物，蕴有丰富的历史文化内涵，大堂悬挂着进士、文魁、贡生、三登一榜等十八方匾额，彰扬先贤的光辉业绩。祠堂的建筑与维修，保留着明清时期闽台的古建筑特色。祠宇富丽堂皇，美不胜收。

注：三诰堂挂有进士洪朝选、洪观光牌匾，上方为其中之一。

注：三诰堂挂有文魁洪朝声、洪观光、洪朱祉牌匾，上方为其中之一。

大明隆庆岁进士洪忱牌匾

大清道光乙未年岁进士洪绍德牌匾

大明隆庆戊辰年通议大夫刑部左侍郎洪朝选牌匾

洪厝洪氏家庙(柏浦)(新店)

洪厝洪氏家庙 位于翔安区新店镇洪厝社区。

洪氏家庙 陈美祥 书

注：洪氏家庙挂有进士洪朝选、洪观光、洪邦光牌匾，
　　上方为其中之一。

注：洪氏家庙挂有武魁洪秦、洪廷珪、洪著光等牌匾，
　　上方为其中之一。

注：洪氏家庙挂有文魁洪香沙、洪居正、洪朝燕、洪朝
　　声、洪观光、洪敬璜、洪玉衡、洪朱祉、洪宸钦、
　　洪仲基等牌匾，上方为其中之一。

大清道光乙未年岁进士洪绍德牌匾

大清雍正己酉年钦赐举人洪云从牌匾

道光乙未年副贡洪逢春牌匾

明永乐甲申年贡生洪胜宗牌匾

大明万历授都察院定榆校上林苑左监丞洪兢牌匾

明万历年洪克弼牌匾

通议大夫刑部左侍郎洪朝选牌匾

大明隆庆岁进士洪忱牌匾

大明万历四川按察使司洪邦光牌匾

三诰堂牌匾

大明万历嘉义大夫贵州左参政洪邦光牌匾

大明万历刑部左侍郎玺箸尚书洪朝选牌匾

洪厝洪氏源德堂 位于翔安区新店镇洪厝社里。

法学士洪福增牌匾

注：源德堂宗祠挂有博士洪允润、洪燕、洪志标、洪
霞、洪兰牌匾，上方为其中之一。

注：源德堂宗祠挂有硕士洪允森、洪茵、洪莉牌匾，
上方为其中之一。

洪厝洪氏小宗（新店）

教授洪文忠牌匾

注：洪氏小宗挂有按察使司、布政使司、乡贤名宦牌匾，上方为其中之一。

注：洪氏小宗挂有文魁洪胜宗、洪居正牌匾，上方为其中之一。

注：洪氏小宗挂有进士洪邦光、洪廷奎牌匾，上方为其中之一。

洪厝洪氏源瑞堂（新店）

洪厝洪氏源瑞堂 位于翔安区新店镇洪厝社区。

洪氏源瑞堂匾额 洪福增 题

大明成化甲午年钦赐义官洪简轩牌匾

大明成化戊戌年钦赐寿官洪体章牌匾

咸丰辛亥年诰赠奉政大夫洪志钧牌匾

注：源瑞堂挂有文魁洪朝声、洪观光、洪朝燕牌匾，
上方为其中之一。

洪厝洪氏介山堂（新店）

洪厝洪氏介山堂 位于翔安区新店镇洪厝社区。

介山堂 洪福增 题

注：介山堂宗祠挂有洪光标、洪燕、洪霞、洪兰、洪允润等博士，洪福增法学士牌匾，上方为其中之一。

注：介山堂宗祠挂有洪允森、洪玲、洪莉、洪茵等硕士牌匾，上方为其中之一。

钟宅洪氏宗祠（新店）

注：洪氏宗祠挂有洪陆训、洪瑞兴牌匾，上方为其中之一。 　海军上校洪忆青牌匾

窗东洪氏支祠（马巷）

洪鸿儒牌匾

洪熙襄牌匾

洪氏宗祠（大二房）

乡贤洪标水牌匾

国际化学名人洪满水牌匾

后堡洪氏宗祠（小嶝）

后堡洪氏宗祠　位于翔安区大嶝镇小嶝社后堡村。

大元朝进士洪弘淡牌匾

注：洪氏宗祠挂有洪景璜、洪桐牌匾，上方为其中之一。

万历戊午年科乡试中式第二名洪熙襄牌匾

康熙戊申科乡试中式洪勋襄牌匾

1981年元月美国剑桥大学评洪卜仁为世界名人

胡 氏

鼎美胡氏家庙（东孚）

　　胡氏家庙　位于海沧区东孚镇鼎美村社里。鼎美肇基始祖八郎于元朝中叶由下洋率子进福、进德到鼎美南坂居住，打铁谋生，后求土地公明示，土地公给予托梦改行养鸭母。从此就地居住创业至今。从肇其至今有710多年，传世（代）二十九世。世代繁衍，人才辈出。胡氏家庙建于明朝中叶，有500多年的历史。坐落西北向东南，总面积1006平方米，三落一户厝，前后落天井都有虾姑心，各有日月池，日月双边都有过水亭，还有两边半壁尾角头。据说这是明奉的。祠宇结构是土、木、石、红料。木雕都是明朝艺术创作，雅观宏伟，引人注目，实属罕见。

柯 氏

柯氏魁科堂宗祠（蓬壶）

柯氏魁科堂宗祠　位于永春县蓬壶镇都溪社区盖德村。为编者老家宗祠。柯氏先祖于唐光启年间从河南光州随王绪入闽后，开支繁衍。传至叟公为晋江南塘开支一世祖，至十一世应清公为莲地开基祖，至十四世荣华公为三房盖德开基祖。传至二十一世玉轩公于1784年建魁科堂祖厝。公传二子，长子、次子各传四子，世代繁衍，子孙兴旺，祖祠经200多年风雨侵袭，前几年倒塌，众裔孙倡议重建，踊跃集资捐资，于2011年正月初六日动土兴工，重建祖祠。同年告竣。2012年正月十五日举行庆典大吉。

后柯柯氏家庙（东孚）

后柯柯氏家庙（一经堂）位于海沧区东孚镇后柯村社里。柯氏闽南四世祖柯翰，字国材，南宋理学名贤，为后柯开基祖。从此后世代繁衍，子孙兴隆，移居海外甚多。一经堂祖祠始建于南宋绍兴四年（1134年），至今已有800多年历史。一经堂匾额为朱熹题字。祖祠历代均有修葺。理事会安排2012年对一经堂祖祠进行翻建。

一经堂 朱熹 题

东屿柯氏家庙（海沧）

　　东屿柯氏家庙（享德堂） 位于海沧区海沧镇东屿村社里。祐立世祖从莆田迁入东屿，为开基祖。至今有七八百年历史。祖祠始建何时有待查证。但十五世裔孙薰曾维修至今已200多年。最近一次于1993年按原状翻修。祖祠庄严屹立，焕然一新。

西柯柯氏家庙（西柯）

西柯柯氏家庙 位于同安区西柯镇下西柯社里。本祠始建于明洪武年间，因年代久远，栋宇倾圯，于1982年2月仿古重建。2000年桐月全面修葺，令宗祠焕然一新。

梧侣柯氏家庙（新民）

梧侣柯氏家庙 位于同安区新民镇梧侣社里。梧侣村柯氏源出岐西，明代嘉靖年间黄帝一百二十七世孙世厚公肇基梧侣，清康熙二十八年（1690年）改故居为二进祠堂，郡望济阳。为纪念宋代先太祖龙图学士仲常公奉旨临漳赈饥，勤政爱民，活民无数，异鹊献瑞，苏东坡赋《瑞鹊诗》纪事，所以分堂号瑞鹊，灯号龙图士。乾隆末期人丁大进，扩建为三进，民国年间又重修。祖祠曾是村童教育场地，清代为塾所，民初为小学，新中国成立初为冬学夜校。1958年为新民民办小学，1960年为梧侣小学，1972年学校兼办初中班。后新建校舍，校址南迁。2005年十一月初四动工，祠堂按原地基翻修，为石木砖瓦结构，翌年八月竣工，祖祠金碧辉煌，巍峨壮观。

柳 氏

西林柳氏家庙（新店）

西林柳氏家庙 位于翔安新店镇吕塘社区西林村。宋淳熙（1174—1189年）年间柳氏因避金国统治而南迁入闽，明永乐元年（1403年）入泉五世祖柳为谦由泉州迁居同安里十都西林社，柳为谦为西林一世祖。西林柳氏灯号"河东"。辈字：国贞习瑞，朝任秉惟，世步青云，大振家声，孙支廷秀，相继奋兴，平居克励，金榜题名，士诚有志，上达玉京，宗德传芳，福后安康，共48字。家庙建于明朝天顺年间，历代均有修葺，最近一次为1996年重造。

中宪大夫柳智牌匾

施 氏

同安施氏大厝（祥平）

同安施氏大厝 位于同安区祥平街道祥露社区陆丰里。施氏祖先从晋江迁来祥露已有四五百年历史，施氏大厝是与施琅密切相关的古建筑。施琅（1621—1696年），福建晋江衙口人，先后任清同安副将、总兵，福建水师提督，康熙二十二年（1683年）奉命抚定台湾，封靖海侯。自清顺治十四年（1657年）至康熙二年（1663年）施琅驻镇同安期间曾居住于此。施氏大厝是涉台文物古迹和文物保护单位。

姚 氏

旸谷姚氏大宗祠（达埔）

旸谷姚氏大宗祠 先祖逢尧公（姚凤）号熙绩，于唐末宋初自河南光州固始县随王审知入闽居福建兴化囊山之麓沁园霓坡（今埔尾）。至成章公生有三子，长子移居漳州，次子留居莆田埔尾，三子圣裔公移居永春。世代繁衍，从舜帝开始118世孙旸初公，后被旸谷族人尊称为开基初祖。位于永春县达埔镇光烈村姚氏宗祠始建于500多年前，历代有修葺，2004年重建，祖祠重光。

2010年美国大学生数学竞赛国际一等奖姚国材牌匾

励耕光族姚培生牌匾

副厅姚嘉民牌匾

耀祖光宗姚智寿牌匾

急公好义姚松青牌匾

义举流芳姚伟达牌匾

荣光耀祖姚庆焕牌匾

燿宗报本姚金沙牌匾

儒高风范姚深泉牌匾

乔梓联芳姚志明牌匾

惠泽桑梓姚文耀牌匾

敦宗睦族姚泽财牌匾

伉俪魁元姚瑞森、林方勤夫妇牌匾

义风可钦姚金春牌匾

伉俪齐芳姚中立、吴秀娟夫妇牌匾

勤政敦宗姚建裕牌匾

情系本源姚秀珠牌匾

传媒精英姚志坚牌匾

天佑晋兴姚智欣牌匾

钟 氏

钟宅钟氏宗祠（禾山）

钟宅钟氏宗祠 位于湖里区禾山街道钟宅社里。根据宗祠族老介绍和宗祠碑记，钟宅畲族祖先从龙海屿上迁来厦门已有600多年历史，繁衍子孙，枝繁叶茂。钟氏宗祠始建年代久远，几度沧桑，历代祖辈均有修葺，迄今600余年。时届盛世，子孙兴旺。最近的几次重修分别为：1920年重修宗祠，1999年又重修一次，2003年再一次重修。按人口收款及宗亲热心捐款，于2003年元旦动工，2004年6月告竣，宗祠焕然一新。

高 氏

高浦高氏宗祠（杏林）

高浦高氏宗祠 位于集美区杏林高浦社区。高氏始祖从安海溯渤海，入闽开支祖钢，字一清，自唐中和元年（881年），避黄巢之乱，由豫光州固始携眷入闽，初居福州怀安凤冈，官至从政郎，至第五世号公，字德调，敕授正议大夫，奉檄驻晋江，御寇殉节，赐谥文忠，其子镔、镒遂迁安平。镒之派下十四世士表公字仲卿，自宋末而乔高浦，赘亲石氏，尽承石氏物业。传子愿臣、愿服，服播迁海丰。至明洪武廿四年（1391年），江夏侯周德兴筑城易地，始定居城外东，今之所称出城门开支祖，守礼公者是也。出城之后人丁骙骙于盛。成、礼两公各传四子，花分八房。康熙五十二年（1713年）始重建祖宇。迨至乾隆丁巳年（1737年），后立鼋栖神，鼓楼神，鼓乐齐进主。经八房子孙护祖茔于大明中叶卜居董任，置业拓殖，开支繁衍。

副元高春生牌匾

注：宗祠挂有文魁高清澜、武魁高腾飞牌匾，上方为其中之一。

注：宗祠挂有岁进士高宰衡、高定邦牌匾，上方为其中之一。

水师提督中营参将高地牌匾

赐谥文忠高士表牌匾

郭 氏

崧山郭氏家庙（洪塘）

崧山郭氏家庙 郭山村地处同安区洪塘镇，北临五显，西靠同安城区，东南为翔安。郭山村背靠崧山山麓，村东北500米处崧山岩前有朱熹亲笔书写的"郭岩隐安乐窝"石碑，又称"郭岩隐道碑"。石碑立于南宋，原亭已毁，今亭系1988年重建，郭岩隐安乐窝石碑有很多传说，具有历史研究价值。

郭氏家庙最负盛名，郭山祠堂又称汾阳堂，堂里面挂满"状元附马"、"节度使"、"进士"、"都督史"、"中丞大夫"等牌匾，记载了历代郭氏家族精英的功绩，激励后人勤勉上进，郭氏家庙名扬海内外。

中宪大夫郭伟钜牌匾

诰封中丞御史大夫郭致政牌匾

敕封御史大夫郭秉端牌匾

士大夫郭朝远牌匾

木本水源牌匾　朱　熹　题

注：郭氏家庙挂有都司郭莹光和钦锡郭立章都司牌匾，
　　上方为其中之一。

左仪卫郭镕牌匾

中书舍人郭大观牌匾

兄弟明经郭衡天、郭衡地牌匾

注：家庙挂有进士郭可大、郭子聪、郭锡新，亚魁郭家
　　泰，选元郭豹燹，文魁郭盛仁等牌匾，上方为其中
　　之一。

注：家庙挂有博士郭勋立、硕士郭志坚牌匾，
　　上方为其中之一。

马来西亚国际贸易及工业部副部长郭洙镇牌匾

注：家庙挂有贺匾多方，上方为其中之一。

大唐拜授驸马金紫光禄大夫牌匾

后村郭氏家庙（新店）

后村郭氏家庙 位于翔安区新店镇后村，后村郭氏至今有710多年的历史，家庙二进殿式建筑造于元大德二年（1298年），家庙坐东北向西南，家庙外铺上埕。离埕300米处有后村的洞庭湖，家庙地灵人杰，后裔人才辈出，2011年家庙重建，焕然一新，美丽壮观。

注：郭氏家庙挂有文魁、武魁牌匾，上方为其中一方。

翁 氏

造店翁氏祖祠（马巷）

造店翁氏祖祠 位于翔安区马巷镇造店村。明朝年间开基祖鸿业、鸿温公自泉州晋江徙居造店村，居今数百年，世代子孙繁衍。原祖庙建于何时失考，1955年重建，至1995年又再次重建，使祖祠焕然一新。

徐 氏

乌涂徐氏宗祠（新民）

乌涂徐氏宗祠 位于同安区新民镇乌涂社里。约明景泰年间（1450—1457年），始祖讳友武偕慈蔡氏迁徙乌涂垦荒耕耘，开基创业，迄今500余年。先祖所建家庙年代久远，虽经先人数次修葺，但因风吹雨淋，破陋不堪，于是族人于1997年11月18日开庚动工，1999年春宗祠落成。

黄 氏

黄氏江夏堂（思明）

　　江夏堂　坐落于厦门市思明区钱炉灰埕巷2号，始建于清宣统二年（1910年），是中国历史上最后一位御赐钦点武状元黄培松建的黄氏大宗祠。占地1万多平方米，由紫云屏、拜庭、宗贤堂、祖堂、后花园、望海亭、宗亲会馆、江夏小学堂等组成。江夏堂1910年动工，历时八年，于1918年竣工落成。建筑规模宏大、气势威严，藻井八卦圆锥状拱顶镶金木雕刻，祖神龛流光溢彩，青花雕刻，岩石人物、走兽浮雕栩栩如生，红砖墙体、红瓦双坡顶可谓富丽堂皇，体现黄氏族人的尊严与荣耀，堪称八闽无双，文化内涵深厚，建筑艺术精湛，是难得的民俗建筑艺术瑰宝。它是黄氏祖先留下的一份文化遗产，它还曾作为厦门最早的海关署。它是涉台文物古迹，省级文物保护单位，这座近百年高龄的江夏堂经过修缮，重放光彩。

状元黄培松牌匾

厦门江夏堂　山 人 题

江夏堂牌匾　林志良 书

塔埔黄氏家庙（思明）

光前裕后　黄奕辉　书

江夏传芳　黄奕辉　书

黄厝黄氏宗祠（金山）

黄厝黄氏宗祠　位于湖里区金山街道金林社区黄厝村。黄厝黄氏族人系翔安新圩金柄紫云四房衍派。约明朝迁居厦门五通黄厝村，繁衍子孙，古称五通黄。宗祠建于清朝末。1991年重建。宗祠有楹联三对，匾额两方。其中两对楹联：江夏流芳绵世泽，紫云衍派振家声；紫发泉州开基黄厝旧宝地，云系开元繁衍洪塘新厝边。

祥店黄氏宗祠（湖里）

祥店黄氏宗祠 位于湖里区禾山祥店社里。

黄氏宗祠 黄无疆 题

黄氏宗祠博士黄开宗牌匾

乐善好施黄金星牌匾

华侨将军黄登保牌匾

金柄黄氏大宗祠（新圩）

　　金柄黄氏大宗祠　位于翔安新圩金柄村。金柄黄氏开基祖黄肇纶（669—755年），字彬夫，是泉州开元寺檀樾黄守恭第四子，于唐垂拱二年（686年）自泉州骑马携铜钹片于此卜居，以居地屋后一片山脊笔直如柄且土赤似金而名金柄。其祖黄守恭献地建开元寺，常见紫云盖顶，故其裔则以紫云为堂号。

大明正德甲戌科进士刑部侍郎黄伟牌匾

明正统任司礼监卿禄大夫黄辇牌匾

万历戊子科双双及第黄华瑞、黄华秀兄弟牌匾

注：黄氏大宗有武举黄志雄、黄克复牌匾，上方为其中之一。

注：黄氏大宗有举人黄复初、黄中正、黄智信、黄良弼等人牌匾，上方为其中之一。

注：黄氏大宗挂有大理寺丞黄尧佐，科进士黄丽谦，解元黄锥岳等人牌匾，上方为其中之一。

注：黄氏大宗有进士黄天瑞、黄继晃、黄丹山、黄元宇、黄章、黄万顷、黄志尧、黄仕询、黄槐、黄圭中、黄广、黄仲卿等12方牌匾，上方为其中之一。

注：黄氏大宗挂有尚书黄伻华、黄源眉、黄璞等牌匾，上方为其中之一。

中顺大夫工黄伟牌匾

注：黄氏大宗挂有太仆寺卿黄文炳、黄光华，大参政黄观中，太子中允黄仁渥等人牌匾，上方为其中之一。

注：黄氏大宗挂有监察御史黄彦、御史黄仕韬牌匾，上方为其中之一。

注：宗祠挂有刑部员外郎黄淳，晋安刺史黄元方、吏部主事黄知瑶等牌匾，上方为其中之一。

注：宗祠挂有十方贺匾，上方为其中之一。

后亭黄氏家庙四房（新圩）

嘉靖丙辰年明布政司黄应梦受嘉靖帝赐牌匾

康 氏

　　豪岭康氏家庙　位于同安区新民镇禾山社里。家庙始建于元末，灯号豪山。自明清以来，宗裔屡有修治，但毕竟经历百年沧桑，欠牢固，欣逢盛世，族老倡修，广大宗亲捐资助建，于2007年正月，破土推陈，按原貌依旧制，且有革新，雕梁画栋，绘饰华焕，雄伟壮观。广庭深院，布局立意，独具匠心，改外室宅门之建，融官式歇顶、闽南大厝宅、古朴大戏台浑然一体，壮丽轩昂。家庙于2008年元月5日告竣庆安。

奉直大夫康震育牌匾

万历己酉科分试中式六十九名康尔韫牌匾

洪前康氏家庙（新店）

洪前康氏家庙 位于翔安区新店镇洪前社里。康姓已有3000余年历史，太始祖康叔系周文王之子姬叔，武王同母幼弟也，后派卫国封卫君有功，晋封了佼并作（兼诰），以谥号为康。卫康叔之后又以谥号为姓。时卫国疆域在河南东部河北西南，定都朝歌（河南淇县东北），康姓于此成为望族，总郡望京兆。

唐天宝年间宗正少卿康子元疏准致士，携眷入闽，分衍闽粤各县，世传始祖原居龙海康厝林社，南宋初迁同邑洪前，灯号箱山。南宋景炎年间妣赵氏率二子护宋帝诰封"兄弟学士"，传二十多世，700余年。历史更迭，贤士辈出。家庙应为1947年由商建、商返等倡修，1987年由周典、周星、明竹及印尼、新加坡华侨甘棠先生、洪香女士等资助大修安庆。2011年再次修葺。

萧 氏

乌石浦萧氏家庙（湖里）

  萧氏家庙 位于厦门湖里区乌石浦社内，紧邻SM城市广场、仙岳山观音寺。建于明正德年间（约1515年），复建于1988年，是一座二进中天井建筑，木、石、砖结构，具有典型闽南古建筑传统风格。

  2004年底，台籍后裔萧万长（台湾"行政院"前院长）为家庙题字"兰陵世家"，二进殿内柱联"酂侯家声垂久远，兰陵世胄满堂春"为知名书法家高怀的墨宝，萧氏家庙是台湾地区与海外萧氏宗族的主要祖籍地。每年到这儿寻根谒祖的萧姓人士，络绎不绝。萧氏家庙是涉台文物古迹、厦门市级文物保护单位。

兰陵世家　萧万长　题

傅　氏

东坪山傅氏宗祠（思明）

东坪山傅氏宗祠　位于思明区梧村街道东坪山社里。据宗祠族老介绍，傅氏祖先从南安迁来，已有几百年历史，繁衍子孙，枝繁叶茂，丁财两旺。祖祠建于何时不详，也有几百年，最近一次为2000年重建，翌年正月十六，宗祠重建落成典礼。

粟　氏

高浦粟氏宗祠（杏林）

高浦粟氏宗祠　位于集美区杏林街道高浦社区。粟氏祖先何时从何地迁居高浦有待查证。家庙建于2011年，为裔子孙集资捐资所建。

董 氏

董水董氏宗祠（新店）

董水董氏宗祠 位于翔安区新店镇吕塘社区董水村。董水董氏分支系思安公唐末五代由河南光州固始县入闽为漳州刺史，择居莆田。其嫡孙简滋公生长子元福、次子元寿，于北宋中期由泉州冷井徙居银同董水乡。勤劳先祖，立足宝地，肇基拓展，螽斯繁衍，后嗣缵绪进职，日臻昌荣，祖宗思庇。

唯推本溯源，念祖上遗迹，明末创建董氏宗祠祀之。后裔瞻祠，感恩行正，迄300余年，1992年重修。

风雨沧桑，宗祠旧逊，宗亲屡议，集思广益，慎斟金谟，重建宗祠，念祖心殷，引为己任，尊宗敬祖，虔诚之心，同心同德，缔结亲谊，踊跃解囊，集资捐资，于2008年6月动土，翌年8月竣工。

蒋 氏

澳头蒋氏家庙（新店）

澳头蒋氏家庙 位于翔安区新店镇澳头社里。蒋福全衍派，永钩开基植居澳头，近600年，自来人文昌炽，实由先人之安谧，而人间沧桑，后遭战火蹂躏，家庙年久失修。为尊祖敬宗，经族人公议于1986年10月择吉兴工，至翌年5月竣工。资金悉由旅星族人捐输。在乡族人齐心协力，俾得盛举厥成。

彭 氏

彭厝彭氏家庙（新店）

彭厝彭氏家庙 位于翔安区新店镇彭厝社里。彭氏自孔道公创业，建明堂于松山，距今已600余载，明代钦广公重建增其规模，宏伟壮观，历代祖庙屡经修葺及1932年重修，风吹雨淋，砖木蚀损，祖龛毁尽。幸在乡宗人齐心协力，发起成立彭厝祖庙修建董事会，并函告海内外，诸宗亲协力捐资，于1985年8月14日动工，1986年2月底土木全部完竣。1988年之秋筹资，12月兴工至1989年五月初四日完竣，祠龛重现旧观。

注：家庙挂有文魁、武魁三方牌匾，上方为其中之一。

注：家庙挂有进士、拔元牌匾多方，上方为其中之一。

海军少将彭德清牌匾

谢 氏

石塘谢氏家庙（海沧）

　　石塘谢氏家庙（世德堂） 位于海沧区海沧镇石塘社里。石塘谢氏世德堂宗祠于清光绪七年（1881年）修后，历经风雨沧桑，已破旧，失去当年壮观，承海内外的族亲关心支持，将修旧如旧、回复原貌为宗旨，于2009年三月初八破土复修。

总兵都督、睢阳都督谢英、谢吉牌匾

文进士谢天禄牌匾

武进士谢莲、谢梦熊、谢嗣芳牌匾

红壁谢氏宗祠（大嶝）

红壁谢氏宗祠 位于翔安区大嶝镇红壁社里。史载，早于五代（距今千年）红壁已有谢氏聚居，乃大嶝谢氏发祥地，派自河南光州固始，堂号宝树。红壁宗祠始建年代不详。清光绪丁丑年（1877年）曾重建，1929年、1985年两次重修，2005年初重建，2007年10月20日奠定。祖祠重建落成，气势雄伟，焕然一新。

谢氏宗祠 谢春池 书

清康熙左都督谢乃旦牌匾

清乾隆福建省宁德县儒学左堂谢正华牌匾

清华大学博士谢增毅牌匾

台中医学大学研究所硕士谢金琅牌匾

曾 氏

曾厝垵曾氏宗祠（思明）

曾厝垵曾氏宗祠 位于思明区滨海街道曾厝垵社区。曾厝宗祠籍同安曾厝垵派系。龙山八世会公次子公亮公，大丞相鲁国公。公亮九世孙宋枢密院使，光绰公，由苏州常熟县入闽，肇基曾厝垵。爱孝九世祖亮公生三子，长曰孝宗，次曰孝宽，三曰孝纯。九世祖亮公寿八十赐御葬河南开封新郑县。十世孝宽，十七世渊公事宋执政兼同知枢密院，使娶李氏生二子，光绰、光英。十八世光绰公宦枢密院使，见元伯颜董文炳厝常州，挈家随端宗皇帝入闽，于景炎元年(1276年)择居同安县嘉禾里之南高浦村，世虽变乱，曾氏到此亦得安故，名曰曾厝垵，别号禾浦，志曰曾家澳。幕天席地，帽石钓鱼为自乐，光英公择居曾营。

蔡塘曾氏祖祠（湖里）

蔡塘曾氏祖祠（三省堂） 位于湖里区禾山蔡塘社区。曾氏祖祠三省堂籍鹭岛梧桐派系，龙山八世会长次子九世公亮（辅助三朝）传至十八世光绰公（宋枢密院使，随端宗入闽于景炎元年肇基曾厝垵），爰考三省堂始祖，由光绰公派系传至二十二世，暹公裔孙，与曾厝垵派系同源异处，均同一派者。于明代由曾厝垵移居梧桐开基。鹭岛梧桐三省堂，子孙昌盛，振起聚族云。三省堂祖祠，始建由来已久，庙堂世代长存，至1960年固建金山水库而拆毁，仅存祖祠地基，今之裔孙思宗念祖，组织筹款重新建造，于1995年春兴工，1995年10月竣。

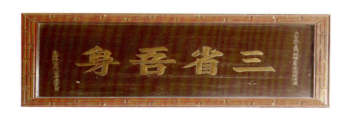

大嶝曾氏宗祠（大嶝）

大嶝曾氏宗祠　位于翔安区大嶝镇麦埕社里。

蔡 氏

蔡复一故居（同安）

　　蔡复一故居(贞素堂) 位于同安区环城北路。为厦门市文物保护单位。蔡复一（1577—1625年），字敬夫，号元履，福建同安人，生于明万历五年（1577年），自幼聪明过人，12岁作《范蠡传》万余言。明万历二十二年18岁时中举，翌年考取进士。官授刑部主事。后迁任湖广参政，继而升任按察使。光宗即位后，蔡复一被起用为易州兵备，不久升任山西左布政使。天启二年（1622年），被任为右副都御使，并抚治郧阳。天启五年（1625年）朝廷任蔡复一为兵部右侍郎，巡抚贵州；不久，取代杨述申，总督贵州、云南、湖广军务，兼巡抚贵州。初，蔡复一苦心运筹，经七次大战，歼叛军近万人，克地数百里。后因事权不一，邻军临阵脱逃，以致大败于水西。被革职听堪。按旧例，解职候代的将军可以离营，但蔡复一不顾疾病缠身，以"一息尚存，岂可贼贻君父忧"为念，仍领军作战，两战连破174寨，毙叛军2350余人，最后病死于军中。朝廷追赠他为兵部尚书，赐谥号清宪，钦赐祭葬。

蔡复一故居重修落成志庆匾

钟山蔡氏家庙（海沧）

　　钟山蔡氏家庙　位于海沧钟山村。钟山蔡氏始祖名讳介山，字景福，生于元朝大德元年（1297年），卒于元至正二十七年（1367年），原籍河南省光州府固始县小阳村人氏。景福公娶妻庄氏，即祖妣庄氏名讳观寿，号二太孺子，生有二子，长子名讳应午，号一学士，次子名讳应申。

　　景福公开基于钟山后，其后裔又繁衍到闽南各地，如漳浦。五世祖秉规公之后，十五六世孙于清朝末年分居渐美。19世纪中叶后，由于种种原因，钟山蔡氏又大量移居东南亚各国，直至今日欧美各大洲都有钟山蔡氏后裔。现有人丁万人。钟山蔡氏家庙，是安放蔡氏列祖列宗神圣灵位之所，是钟山蔡氏子孙后裔心中的丰碑，崇高的殿堂。

蔡氏家庙　耀　明　题

进士蔡肇庆牌匾

谷诒堂　耀　明　题

茂林蔡氏家庙（新店）

    茂林蔡氏家庙   位于翔安区新店镇茂林社里。蔡氏系于宋嘉定十一年（1218年）由晋江青阳蔡厝村蔡氏乔轩公分居于同安下杨子二肩岭麓之浍园村。相传六代，第六代世祖廷时公再由浍园村下迁至茂林定居，茂林村蔡氏肇基祖开拓繁衍至今历时625年，始由浍园村屈算历时有776年之史。蔡氏家庙系由肇基蜗居兼宗祠合用之住宅，明嘉靖廿八年（1549年）始建茂林蔡氏家庙，清道光廿九年（1849年）重修，1943年再经修缮，1994年再度修建。

浦南蔡氏家庙（新店）

浦南蔡氏家庙　位于翔安区新店镇刘五店社区浦南村。蔡氏祖先从新圩乌山迁居浦南至今已有400多年历史，世代繁衍，丁财两旺。

北门蔡氏家庙（大嶝）

北门蔡氏家庙 位于翔安区大嶝镇北门社里。蔡氏家族源于河南固始，根系金门琼林坑墘。约于明万历年间迁居金嶝北门。迄今已有400载左右，始祖号永宗开辟基业。祖庙历史渊源难以查考，而年代久远，祖庙破旧不堪，濒临倒塌，族人于2003年动工兴建，2004年农历四月初十日竣工。家庙焕然一新。

振威将军蔡攀龙牌匾

注：蔡氏家庙挂有两方进士牌匾，上方为其中之一。

295

潘 氏

林柄潘氏宗祠（马巷）

  林柄潘氏宗祠 位于翔安区马巷镇林柄社里。开基祖从湖边迁居马巷七甲林柄，人丁兴旺，惜大清康熙己未年（1679年）十月初七夜火烧土楼，族谱被焚烧，至光绪三十年(1904年)，族人兴土木重建祖祠。祖祠历经风雨近百年，岌岌可危。众裔孙同倡重建。择吉戊寅阳月壬辰日兴工，按原址重建。2000年四月竣工。同年八月甲子日举行进安庆典。宗祠焕然一新，钟灵毓秀，荣木葱茏，祖德垂荫，国泰兴族。

颜 氏

青礁颜氏大宗（海沧）

青礁颜氏大宗 位于海沧区海沧镇青礁村社里。家庙始建于元代至正年间（1341—1368年），供祀颜氏入闽始祖颜朴庵（颜慥）。明万历五年（1577年）重建，明、清、民国及1987年重修，家庙系悬山顶砖石木结构，建筑面积约330平方米，保存较多清代以前艺术价值较高的木雕、石雕物件，并保存着四方明、清、民国重修碑记。颜氏家族自明代末年颜思齐入台开发后，不断移居台湾，今在台湾人数甚众，并成立了世界颜氏宗亲联谊会。台湾颜氏宗亲不时组团来祖祠寻根谒祖。

注：颜氏大宗挂有四方进士牌匾，从南宋绍兴十五年(1145年)至清乾隆二十五年(1760年)有27名高中进士，榜上题名，可谓地灵人杰，人才辈出。

尚書學士

開漳堂

綸恩世美

舉人

文魁

族譜宗敦

祖孫家宰

父子卿相

名官鄉賢

薛　氏

安兜薛家祖祠（禾山）

安兜薛家祖祠　位于湖里区禾山安兜村社里。宋代，安兜薛氏开基祖系林后大宗分支，祖为次子，俗称二房，开基安兜，生五子，分五角落居住。明清之际，安兜薛族人迁居金门、台湾等地。1995年以后，台湾薛氏宗亲多次寻根谒祖。社里族人和海外宗亲，捐资于1999年10月自建薛氏二房宗祠。

二房薛家祖祠落成志庆贺匾

唐神龙元年进士薛令之牌匾

唐尚书薛本牌匾

宋绍熙元年进士薛舜俞牌匾

开闽进士薛令之牌匾

宋绍熙三年古田县令薛舜庸牌匾

林后薛家宗祠（禾山）

林后薛家宗祠 位于湖里区禾山林后村社里。林后薛氏先祖为唐代进士、太子侍读薛令之后裔。唐代中晚期，薛氏族人从福建福清迁入厦门，与当时居于鹭岛的陈氏并称"南陈北薛"。薛氏族人曾于明清时期由厦门分衍至金门、高雄、彰化、台北等地。1995年以后，台湾薛氏宗亲多次回厦寻根谒祖。薛宗乃黄帝之裔，系出河东，支分派别源远流长。唐神龙二年（706年）进士侍御令之公徙居嘉禾屿，为肇基祖。宋绍熙元年、四年（1190、1193年）舜俞、舜庸公昆仲相继登第、文学宦绩，先后辉映，道光《厦门志》俱有传。明正统十四年（1449年）季卿祖自长泰县山重村衍派厦门，亦历560多个春秋。其间人才辈出，建功立业，家声丕振，昔建宗祠。迨日寇占厦门时，祠堂被毁，又值世事纷纭未得修复。今者政通人和，百废即兴，族人追宗思祖，同怀共心，修复祠宇。择吉于1998年12月26日岁次十一月初八日举行告成庆典。

戴 氏

内林戴氏小宗（马巷）

内林戴氏小宗 位于翔安区马巷镇内林村社里。据宗祠负责人介绍，戴氏祖先从长泰迁来已有数百年历史，长泰分支，梨林派衍，地灵人杰，钟灵毓秀，子孙兴旺，枝繁叶茂。为缅怀先祖，春祭秋尝，族人集资兴建戴氏宗祠。

贡生戴永同牌匾

魏 氏

炉前魏氏宗祠（新店）

炉前魏氏宗祠 位于翔安区新店镇炉前村社里。魏氏祖先于明朝万历年间从泉州西福村迁入，至今已有四五百年，繁衍子孙，人丁兴旺。祖祠建于明朝，历代均有修葺，最后一次重建于1985年。2010年又一次维修，重新油漆，使祖祠焕然一新。

康熙辛未科武进士魏学澎牌匾（魏氏宗祠还挂有同治戊戌科中式四十二名进士魏士兰牌匾）

知名穩構

壬辰年

陳壽松

中华第一圣堂

中华第一圣堂　厦门市基督教新街堂位于思明区中山路东段新街里。据介绍，1842年美国归正教会差遣雅卑理来厦门传教，基督的福音传入厦门。1848年美国归正教会波罗满牧师夫妇及罗啻牧师夫妇来厦接替雅卑理工作，并于1848年由波罗满牧师筹资3000余元建堂，设立堂会，取名新街礼拜堂。这是基督教新教在厦门乃至全国的传播史上具有开创性的起端。1861年2月1日，新街礼拜堂堂议会选举罗嘉渔牧师为本堂首任牧师，这也是我国基督教会首任被按立的华人牧师。

1928年殿堂屋顶塌陷，1933年重建，1935年竣工，中华基督教会全国总会赠送的石匾——"中华第一圣堂"、"耶和华驻跸之所"镶嵌于圣殿前廊墙上。新街礼拜堂为省级文物保护单位。

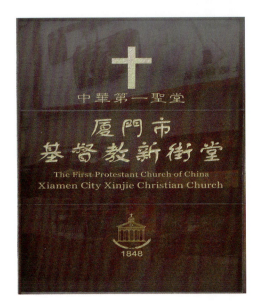

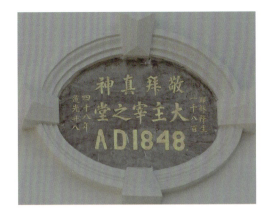

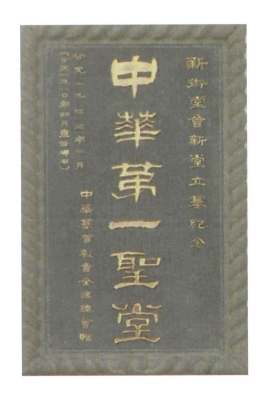

厦门博物馆

厦门博物馆 启 功 题

注：成均耆英匾，这是道光二十八年(1848年)台湾知府仝卜年
为黄天池六十大寿赠送的贺寿匾，赞扬他乃大学之高年
硕德者。 仝卜年，字子占，山西人，嘉庆辛未（1811
年）年进士。他曾担任福建惠安县知府，1841年擢升台
湾府知府。仝卜年积极引导当地群众向文明健康方面
发展，开创安定良好社会秩序，政简刑轻，治若神明，
一时有"生佛"之称。为了纪念仝卜年，台湾群众纷
纷为其建庙立祠，树碑立传，至今台湾还有不少"仝
爷庙"。

注：双星衍庆匾，这是历任福建延平府南平县督理、台湾
凤山县左堂和彰化县正堂的郑才抡于道光十年（1830
年）十一月所立的匾额，赞叹一对年过六旬、德高望
重的老夫妇刘翁和王氏子孙满堂，福寿双全。郑才抡
是清末官员，曾在福建和台湾两地做官。

注：乾隆圣旨牌，这是乾隆三十六年（1771年）十一月二十五日，乾隆帝颁发给时任福建台湾府彰化县训导邱德孚父母的一
则敕命。邱德孚乃福建福清人士，举人出身，是闽籍官员，这是闽台"文缘相承"、两地文化交流频繁的佐证。匾文中
三次提及"福建台湾府彰化县"，说明清朝时期台湾作为一个府受福建省管辖，这与文献记载相吻合，是闽台"法缘相
循"的有力证据。

闽台民俗文化古镇

　　闽台民俗文化古镇　　位于厦门市集美区后溪镇,是洪明章先生投资兴建的一处涵盖古街、古庙、古民居、古城门遗址、闽南民俗博物馆等文化旅游大项目。洪明章先生,台湾屏东人,现任福建收藏家协会名誉会长、泉州闽台缘博物馆研究员。2001年开始从事有关两岸民俗文化的历史实物收藏和展览工作,迄今已藏有5万多件民俗文物,开设了"海峡两岸"、"百年鼓浪屿"、"老厦门故事"等展馆,在这些展品中,有成千上万件记录两岸历史渊源的珍贵文物,其中有一块清代圣旨匾是镇馆之宝,这些展馆受到厦门各界的好评和来厦游客的青睐。国民党主席马英九z和国民党荣誉主席连战还为海峡两岸民俗馆题词。洪明章先生说:"创办海峡两岸博物馆就是为了保存历史、重温历史、尊重历史,让更多的人记住两岸是密不可分的一家人。两岸人民血浓于水,情深似海。"

闽台民俗文化古镇藏匾　何应钦　匾

闽台民俗文化古镇藏匾　林森　题

闽台民俗文化古镇藏匾　陈仪　题

马英九　题　　　　连战　题

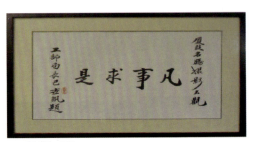

巴世凯　题

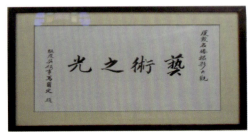

马尔定　题

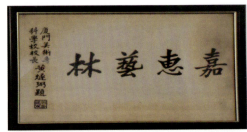

黄燧弼　题

林国赓　题

306

闽台民俗文化古镇藏匾

闽台民俗文化古镇藏匾

闽台民俗文化古镇藏匾

闽台民俗文化古镇藏匾

闽台民俗文化古镇藏匾

闽台民俗文化古镇藏匾

闽台民俗文化古镇藏匾

闽台民俗文化古镇藏匾

闽台民俗文化古镇藏匾

闽台民俗文化古镇藏匾

闽台民俗文化古镇藏匾

闽台民俗文化古镇藏匾

闽台民俗文化古镇藏匾

闽台民俗文化古镇藏匾

闽台民俗文化古镇藏匾

闽台民俗文化古镇藏匾

闽台民俗文化古镇藏匾

闽台民俗文化古镇藏匾

闽台民俗文化古镇藏匾

闽台民俗文化古镇藏匾

闽台民俗文化古镇藏匾

闽台民俗文化古镇藏匾

闽台民俗文化古镇藏匾

闽台民俗文化古镇藏匾

闽台民俗文化古镇藏匾

闽台民俗文化古镇藏匾

闽台民俗文化古镇藏匾

闽台民俗文化古镇藏匾

闽台民俗文化古镇藏匾　乾隆圣旨匾（镇馆之宝）

闽台民俗文化古镇藏匾

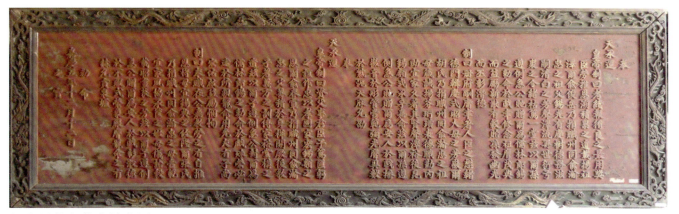

闽台民俗文化古镇藏匾

闽台民俗文化古镇藏匾

人民剧场

人民剧场 罗丹 书

人民剧场 坐落在繁华的百年老街中山路闹市中心，前身为1952年由陈渔、李兆鳌、曾文明等私人合作简易搭盖的"民众剧场"；1959年由市政府拨款翻建，更名厦门市人民剧场。1988年该剧场重新翻建扩建，成为一座设备完好功能齐全的剧场。2004年剧场"三权"归属思明区，剧场独立自主、开拓创新，依靠自身力量成立了舞动厦门艺术团，精心排编了富有闽南特色文化的表演节目，做到天天晚上定时定点为海内外莅厦游客演出，用魅力文化舞动厦门之夜。

注：毛泽东像（油画180 143cm）由著名女画家、中国美术家协会会员、福州大学工艺美术学院教授陈爱萍画作于1972年。

2006年，为进一步扩大思明区与台湾文化交流合作，根据上级有关精神，人民剧场挂牌成立了思明区闽台文化交流中心以来，与台湾上百个民间团体，开展闽台文化交流与合作活动。

2007年，剧场对三层观众厅进行座位更新，创新经营剧场，先后推出了"圣王杂技魔术"、"东北二人转"演艺专场，还引进多个国家艺术团专业演员表演，打造了一台"多国舞·动厦门"演艺专场节目，为市民、游客倾情献演，并设置了配套项目，以其浓厚的特色紧紧吸住了观众的眼球，成为了厦门中山路的一道亮丽风景。

舞动厦门 翁铭泉 书

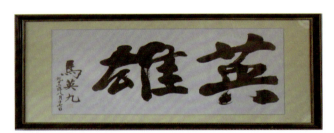

英雄 马英九 题

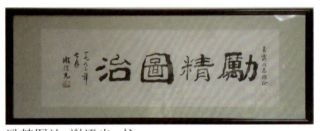

励精图治 谢澄光 书

龙 陈美祥 题

闽台书画院

闽台书画院　成立于2005年2月，院长刘堆来。

闽台书画院本着"闽台同根、书画同源"的理念，以"立足海峡两岸，弘扬书画艺术，致力文化交流，促进和平统一"为宗旨，专业从事海峡两岸文化艺术交流，与台湾地区的17家书画团体、5家新闻媒体建立长期合作伙伴关系，先后成功地策划、组织、举办了近百场次的海峡两岸文化艺术交流活动，在海峡两岸引起了轰动，取得了良好的社会效应。

闽台书画院举办的活动多次被列入国家级重点交流项目，贾庆林、王刚、孙家正、王忠禹、李蒙等16位党和国家领导人先后25人次出席书画院举办的活动。马英九、连战、吴伯雄、宋楚瑜、郁慕明、王金平、蒋孝严、郝龙斌、胡志强等79位台湾知名人士先后为闽台书画院举办的活动题词祝贺。中央电视台、人民日报、经济时报、中国艺术报、中国书法杂志、书法杂志、书法报、书法导报，台湾的"联合报"、"工商时报"、"统一日报"、"中华日报"等数十家海峡两岸新闻媒体先后报道闽台书画院活动达数百次。

闽台书画院　吕如雄　书

闽台书画院　胡抗美　书

闽台书画院　张传凯　书

闽台书画院　宋楚瑜　题

闽台书画院　连　战　题

闽台书画院　刘大为　书

闽台书画院　赵长青　书

伯雅艺术馆

伯雅艺术馆 创办于2006年6月，是以行销策划模式，经纪代理书画的专业公司。厦门伯雅通过展览、展销、拍卖、零售四种模式，逐步搭建畅通、便捷的书画交易平台。秉持"为客户创造价值"的理念，坚持"价值与品位"标准，选择书画家，选择作品，为收藏家推荐、提供最具投资潜力的书画作品。同时，伯雅也始终期待着，在艺术旅程上，与书画家、收藏家同成长，共欢乐。

厦门伯雅艺术馆位于厦门市最繁华、交通最便利的老市区——原文化宫与原图书馆之间的公园西路路口，文化艺术氛围浓厚，且以一幢1928年的小洋楼为栖身之地，展厅面积300多平方米，布局古朴、典雅，富有艺术气息，古色古香，进入伯雅，如同进入古代文人的香房雅居。

伯雅文化的核心是"传承古典文化，创建不朽品牌"。伯雅的总负责人刘裕平先生不仅是书画艺术的爱好者，收藏家，也是书画艺术者，刘先生能书会画，其作品亦得到不少书画爱好者的追捧收藏。

伯雅艺术馆牌匾 易中天 题

伯雅艺术馆馆藏牌匾 刘 墉 书

伯雅艺术馆馆藏牌匾 沈尹默 书

伯雅艺术馆馆藏牌匾 吴昌硕 书

伯雅艺术馆馆藏牌匾 王文治 书

美画人生 马英九 书

伯雅艺术馆藏品 于右任 书

其他知名机构

厦门文化馆 刘大伟 题

厦门美术馆 刘大伟 题

福建源古博物馆馆藏牌匾 郑贞文 书

福建源古博物馆馆藏牌匾

厦门华侨博物院牌匾

厦门华侨博物院牌匾

厦门华侨博物院牌匾

厦门小白鹭艺术中心 吴凤章 题

厦门广播电视中心 高 怀 题

鹭江出版社 刘海粟 题

新华大厦 穆 青 题

新华社厦门支社牌匾 穆 青 题

思明区侨联活动中心 文 治 题

湖里科技创业中心 钱绍武 题

集美国税 罗 钟 题

厦门市室内装饰协会 白 磊 题

厦门市妇幼保健院
林巧稚妇儿医院 陈奋武 题

厦门鼓浪屿干部疗养院　童小鹏　题

外图厦门书城　杨向阳　题

厦门一等邮局始建于光绪二十三年（1897年）

厦门老年大学　游德馨　题

厦门一中捷中图书馆

厦门一中振万教学楼　陈美祥　书

厦门一中校训勤毅诚敏

福建省厦门双十中学 鲁 迅 字

厦门双十中学卢祖荫科艺馆 高 怀 题

厦门双十中学曾琦图书馆 吴孙权 题

厦门双十中学金烈艺术中心 吴孙权 题

厦门双十中学校训牌匾 谢澄光 题

厦门双十中学梦飞音乐厅
吴孙权 题

厦门双十中学爱庐对外交流中心 吴孙权 题

厦门市音乐学校 蔡望怀 题

莲花中学 许 霏 题

厦门市第九中学 朱鸣冈 题

厦门松柏中学 高 怀 题

厦门市第十一中学校训牌匾

厦门市莲花小学 叶水湖 题

厦门市滨北小学 冰 心 题

厦门市鹭江新城小学 白 磊 题

厦门市湖明小学 叶水湖 题

厦门市大同小学 谢澄光 题

厦门家庭装修市场 张平无 题

厦门电子城 罗 钟 题

鸿运大厦 许集美 题

莲花大厦 张平无 题

武警水电大楼 刘 源 题

雪梨星光 洪英士 题

建设大厦 叶如棠 题

镇海大厦 蔡明赐 题

厦门思明实验幼儿园 叶 莽 题

厦门市华侨幼儿园 谢澄光 书

假日商城 罗 钟 题

远洋大厦 周慧珺 题

金榜大厦 柴泽民 题

海滨大厦 连 城 题

厦门市永春商会 洪永世 题

厦门国贸大厦 启 功 题

华菲大厦 蔡清洁 题

华新苑 启 功 题

同享大厦

厦门信息城 林严心 题

湖光大厦 谢澄光 题

厦门第一广场 张旭光 题

厦门大嶝对台小额商品交易市场 王建双 题

厦门岷厦国际学校 阮福贵 题

蓝湾国际 谢澄光 题

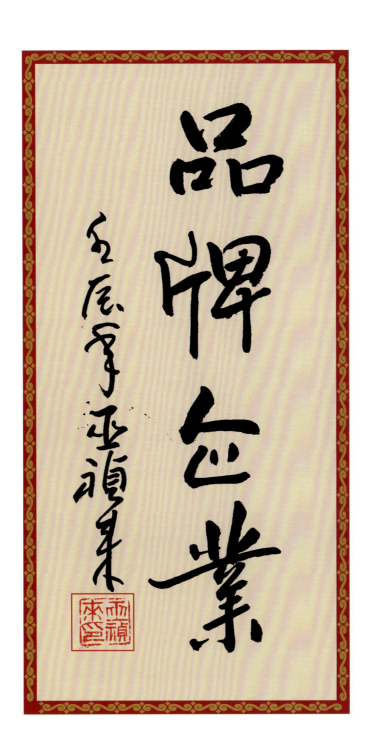

厦门中闽投资公司

厦门中闽投资有限公司 福建省投资开发集团有限责任公司全资子公司，成立于1991年。主要经营对基础设施、服务业及高科技产业的投资、项目策划、经济技术咨询和信息技术服务，房屋租售代理及物业服务，经营各类商品和技术的进出口业务。

厦门中闽投资有限公司下属中外合作公司是厦门中闽钜豪房地产发展有限公司，主要从事中闽大厦写字楼的建设、经营及相配套的物业管理。目前，公司实行两块牌子，一套人马管理模式。

公司成立20多年来，秉承"忠诚、和谐、创新、双赢"的宗旨，始终坚持谋长远、抓关键、求效益、稳中求进的经营方针，充分发挥自身优势，立足于厦门地区新兴的市场空间，运用各种资源，力争在投资经营领域获得重大突破，从而使厦门中闽投资有限公司赢得了效益、赢得了发展，成为集团公司发展战略规划大棋盘中的一颗重要棋子。

中闽大厦 童小鹏 题

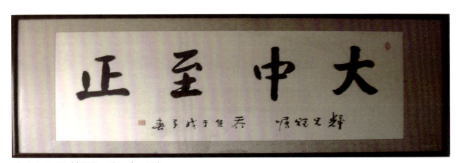

中闽公司牌匾 乔 生 题

中闽公司牌匾 洪英士 题

中闽公司牌匾 贾庆林 题

佳丽餐饮管理公司

厦门佳丽餐饮管理公司 1983年从经营鼓浪屿佳丽咖啡厅起步，1984年在鼓浪屿音乐厅转营佳丽餐厅。1994年又迁址轮渡佳丽餐厅，翻开了"佳丽"品牌发展的新篇章。1998年宝福佳丽海鲜大酒楼盛大开业。2003年佳丽餐饮管理公司成立。向后"佳丽"未来海岸店、乐迎配送中心、环岛路店、同安店、海湾公园店以及浙江贺佳丽大酒店先后隆重开业。"佳丽"经过29年的发展已成为跨地区经营并拥有8家海鲜大酒楼（酒店）的特色餐饮企业。董事长贺迎芳不但以独到的经营理念、高效的管理、优质的服务，赢得广大消费者的良好口碑，赢得了企业发展；同时身兼社团多个领导职务，热心公益事业，赢得社会尊重和荣誉。企业先后荣获"厦门市特级餐饮企业"、"厦门十佳餐饮名店"、"全国绿色餐饮企业"、"全国餐饮企业500强"、"中国餐饮最佳设计奖"、"国际餐饮名店"等众多奖项。贺迎芳个人也先后荣获"全国饭店业优秀企业家"、"中国最具影响力企业家"、"中国餐饮业年度十大人物"、"爱国报国全国先进模范个人"等10多项荣誉称号。

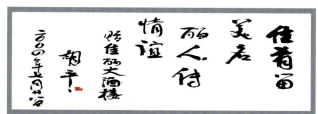

佳丽海鲜大酒楼牌匾 胡 平 题

佳丽海鲜大酒楼牌匾 道 生 书

佳丽海鲜大酒楼牌匾 厦门总商会 贺

骏业鼎兴 洪英士 书

佳丽海鲜大酒楼牌匾 侯耀华 题

佳丽海鲜大酒楼牌匾 陈同山 书

佳丽海鲜大酒楼牌匾 侯耀华 题

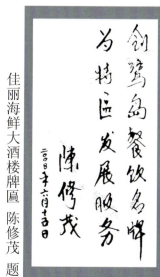

佳丽海鲜大酒楼牌匾 陈修茂 题

花之霖

花之霖 一家以粤菜、海鲜佳肴为主的餐饮企业，目前有南湖公园花之霖食府和花之霖环岛路店两家连锁店。是商务宴请、休闲社交、家庭聚餐之首选，这里聚集了各式各样令人垂涎的美食、品味绝佳的菜肴。特别是花之霖环岛路店环境优美、面向大海，除了中西结合的菜肴，包厢装饰别具一格，古香古色，浓郁东方色彩的书画点缀其间，酒楼特备有文房四宝可待文人雅士在此即兴挥毫。"烹饪是文化，是艺术，是科学"，将中华传统文化的瑰宝——书法与美食的意境巧妙融合，让美食更具文化内涵。宾客身临其中即感受到浓浓的传统文化氛围，而其美食更让宾客口舌生津，欲拒不能。

花之霖以诚信为本，始终坚持质量第一，不断创新美味菜肴，有独特的用餐环境，浓厚的文化氛围。多年来，被厦门有关部门评为"诚信商家"、"文明单位"、"诚信经营示范企业"。

花之霖环岛路店牌匾　陆凤彬　书

花之霖环岛路店牌匾　一　凡　书

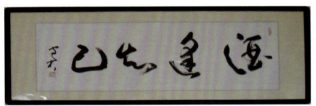

花之霖环岛路店牌匾

花之霖环岛路店牌匾　王　元　书

花之霖环岛路店牌匾　王　元　书

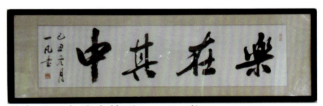

花之霖环岛路店牌匾　一　凡　书

花之霖环岛路店牌匾　王　元　书

花之霖环岛路店牌匾　谢澄光　题

花之霖环岛路店牌匾　刘堆来　书

花之霖环岛路店牌匾　三　般　书

南普陀寺实业社

南普陀寺实业社 南普陀素菜以选料严格，制作精细，坚持素菜素料、素菜素作、素菜素名为特点，色香味形俱佳，质养声境并重，命名优雅别致，不仅吸引着海内外宾客纷至沓来，也激起众多知名人士的豪情雅兴，以诗人、文学家郭沫若诗句命名的"半月沉江"及中国佛教协会会长赵朴初命名的"丝雨菇云"等佳肴，至今成为美谈。多年以来，邓小平、江泽民、华国锋、诺罗敦·西哈努克等120多位中外国家领导人前来品尝，都赞不绝口，纷纷留题、留画，使得南普陀素菜名声大振，享誉海内外。

南普陀素菜在历届全国烹饪技术比赛上荣获了金、银、铜牌及优秀奖；在中国美食节上荣获"中国名宴"、"中国名菜"，南普陀素饼荣获"中国名点"称号，并获中华美食最高奖——"金鼎奖"，在中央电视台全国烹饪电视擂台赛上做专场表演，并获"金牌菜"称号。先后被商务部等相关部门评为"中华老字号"、"中国餐饮名店"、"国际餐饮名店"、"福建省著名商标"、"厦门市非物质文化遗产"等荣誉称号。现在南普陀素菜被誉为"天下第一素宴"。

天下第一素宴 余险峰 题

南普陀寺实业社牌匾 郭沫若 题

南普陀寺实业社牌匾 迟浩田 题

南普陀寺实业社牌匾 姜习 题

南普陀寺实业社牌匾 胡启立 题

南普陀寺实业社牌匾 瑞今 题

邵子牙贡丸店

邵子牙贡丸店 位于中山路商圈的定安路。相传在光绪年间邵子牙的祖父邵维坤是一位名厨，祖母柯乌蒜更是贤名远传。为了方便好食猪肉却已年迈齿衰的公公食用，柯氏以猪肉及淀粉为主料，精心制丸子孝敬公公，老人一尝甚喜，便邀请亲朋好友前来品尝，于是一传十，十传百，甚至传入京城，令光绪皇帝慕名召见，并亲口品尝肉丸，皇帝大喜，遂令年年进贡。"贡丸"由此得名。

邵维坤、柯乌蒜夫妇发明了贡丸，并摸索出了一套精良的手艺传之后人。邵子牙16岁起跟着父亲邵世镖学这门家传手艺，成为邵氏贡丸第三代传承人。1979年，邵子牙一家人乘改革开放春风从晋江到厦门发展。由于邵子牙父子的苦心经营，贡丸生意越做越大。1989年开始先后在湖滨南路、古城东路、霞溪七市等开设贡丸分店。

20世纪90年代，邵氏贡丸开始大放异彩，厦门日报曾于1990年和1999年作过两次专题报道。厦门电视台也以纪实形式播出了邵子牙先生创业致富的故事，引起了很大反响。应有关方面邀请，邵子牙先后在北京朝阳区和浙江温州市开设分店，使邵氏贡丸在省外得到发展。

2010年，邵子牙贡丸店被认定为"中华老字号"，五家分店同时授牌。为保护和传承传统文化，邵子牙将传自光绪年间的制作贡丸手艺申报为非物质文化遗产。邵子牙先生期待着相关部门的认定，期待着邵氏贡丸得到保护、传承、光大。

大清光绪圣召闽晋邑邵维坤圣旨牌

夏商好清香大酒楼

　　夏商好清香大酒楼　起源于20世纪40年代的一家厦门烧肉粽小吃店，历经70多年的发展，好清香已成为拥有好清香湖滨总店、好清香东海店、好清香美食中心、好清香闽南美食坊、好清香美食中心莲岳店等酒店的大型餐饮企业。好清香已成为厦门菜的突出代表。1994年首批被认定为"中华老字号"。好清香大酒楼在长期的发展历程中，不仅致力于厦门饮食文化的发扬和重塑，努力营造酒楼的文化氛围，保留了上百种的特色名菜、名点和名小吃，而且不断博采众长，开发创新一批新菜肴，并在色、香、味、神、韵等方面精致化、多元化发展，形成了以闽南地方风味为主流的好清香特色。如今好清香声名远播海内外，享有"不到好清香，枉费鹭岛行"之美誉。

好清香大酒楼　白　磊　题

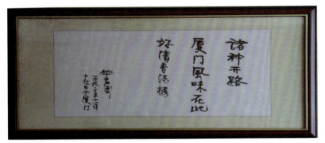

好清香大酒楼牌匾　华君武　题

好清香东海店牌匾　翁铭泉　书

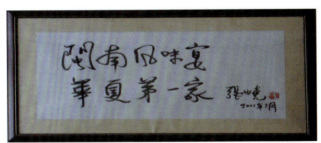

好清香大酒楼牌匾　张世尧　题

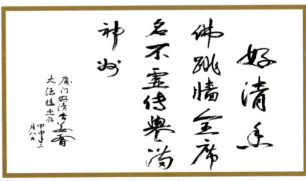

好清香大酒楼牌匾　姜习　题

好清香大酒楼牌匾　马　驰　题

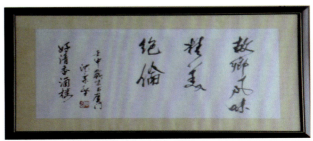

好清香大酒楼牌匾　沈柔坚　题

夏商好清香闽南美食坊

夏商好清香闽南美食坊 位于厦门市文化艺术中心片区西南角，内设中餐宴会厅及厦门首家闽南文化主题餐吧——荷音轩，以经营海鲜菜肴为主，辅之以浓郁闽南地方特色招牌名菜、名点、名小吃，诠释着"特色好清香，正宗厦门菜"、"不到好清香，枉费鹭岛行"的真正内涵。

作为厦门首家闽南文化主题餐厅，荷音轩为宾客提供联合国非物质文化遗产——南音现场表演，"品读闽南饮食文化，品味南音千年古乐"，好清香闽南美食坊传承中华老字号70年磨砺的经典美味佳肴，融合风靡千年丝竹神韵的南音，将流传了成百上千年的闽南文化呈现在宾客面前。

好清香闽南美食坊 白 磊 书

好清香闽南美食坊牌匾

好清香东海店牌匾 连 战 书

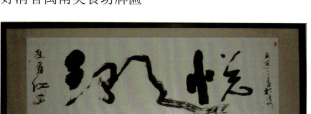

好清香闽南美食坊牌匾

好清香东海店牌匾

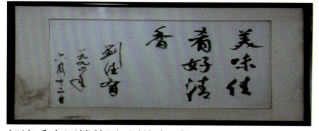

好清香大酒楼牌匾 刘德有 书

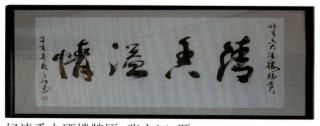

好清香大酒楼牌匾 张之江 题

黄则和食品公司

黄则和食品公司 由黄则和老先生创立于20世纪40年代，以制作厦门著名风味小吃花生汤闻名海内外。地处厦门中山路的黄则和花生汤总店，每天吸引成千上万的国内外宾客，他们因花生汤、海蛎煎、沙茶面、炸枣、韭菜盒慕名而来，且赞赏有加。这180多平方米的店堂记录着黄则和美食的传承与发展历程。黄则和花生汤店1994年首批荣获"中华老字号"，花生汤首批被认定为"中华名小吃"，而后又获"中华餐饮名店"、"福建餐饮名店"、"福建著名商标"；多项食品被认定为"中华名小吃"、"福建名小吃"。2003年，黄则和花生汤店改制为黄则和食品有限公司。黄则和花生汤的传承人、公司的掌门人黄荣华以远见卓识与时俱进的拼搏精神，带领员工，把黄则和这一老字号企业做大做强。拓展经营连锁（加盟）店120多家。发展早餐工程，投资同安轻工业园建立食品加工厂。引进新设备，进行技术革新，改进食品包装，严把食品质量关。做大拳头产品，促使企业朝着工业化、标准化、制度化方向发展。如今黄则和馅饼、麻薯、凤梨酥、椰子饼、贡糖等特色糕点闻名于世，成为来厦门宾客首选。春节的年糕、端午的粽子、中秋节的月饼，市民们更是情有独钟。"黄则和"经过60多年的岁月洗礼，已成为厦门市一张金灿灿的名片。

黄则和花生汤店 陈奋武 题

黄则和连锁店匾额

佳味再添小吃店

佳味再添小吃店　位于思明区中山路商圈的大同路49号，原为国有饮服企业，创办于1959年，1986年以小吃名师吴再添而命名为吴再添小吃店。2004年企业改制为厦门市佳味再添小吃有限公司。公司所属佳味再添小吃店，是厦门最地道的地方名小吃店之一。营业面积200多平方米，经营厦门传统名小吃30多项。其中沙茶面、烧肉粽、冬粉鸭、咸粿、土笋冻、油葱粿、芋包、虾面、卤面、五香卷、鱼丸等被贸易局、中国烹饪协会、福建烹饪协会认定为"中国名点"、"中华名小吃"、"福建名小吃"。多年来公司总经理丁金耀勇于拼搏，带领员工秉承传统，挖掘开拓，加强管理，严格把关，始终坚持保质保量、经济实惠、服务大众的经营宗旨，荟萃厦门名点风味小吃于一炉，以其浓郁的闽南乡土特色而蜚声中外，深受广大民众的欢迎。佳味再添小吃店先后荣获"放心店"、"福建省餐饮名店"、"福建省小吃名店"称号。

佳味再添小吃店牌匾　林懋义　书

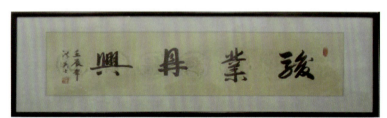

佳味再添小吃店牌匾　洪英士　书

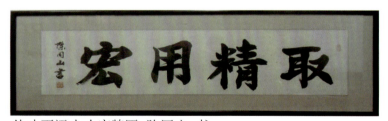

佳味再添小吃店牌匾　陈同山　书

名姿管理公司

名姿管理公司　名姿福建省著名商标，创立于20世纪90年代，现已发展成中国美发美容界知名的集团企业，在北京、上海、浙江、广东、四川、福建等省份与城市开设连锁学校和连锁店，是中国百强连锁企业之一，被誉为中国美发业的标杆。名姿旗下的著名品牌国际欧芭已成为中国发品行业的领军者，在全国市场都占有主导地位。名姿把握流行、传播引领时尚，在全国开办发展专业美发连锁店近百家。20多年来，名姿（名都）职业技能培训学校大力培训传授国际最新时尚发型，培养行业拔尖优秀人才，被业界美誉为中国优秀发型师的"黄埔军校"。

　　总经理蔡艺卓不但有超前的经营理念、高超的专业技术、独特的培训方法，赢得了业界的认可和企业的发展，同时身兼多个社团领导职务，热心公益事业，赢得了社会尊重和荣誉。名姿先后获得"福建省双优美发美容厅"、"中国美发美容名校"、"全国优秀品牌企业"等几十个荣誉；蔡艺卓个人更是获得荣誉无数："中国美发名师"、"中国专业发品引领者"、"中国美发美容化妆品业最具影响力人物"、全国"慈善大使"……蔡艺卓担任第十二届厦门市政协委员，连续两届当选厦门市美发美容化妆品行业协会会长。

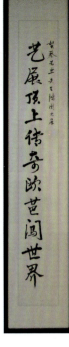

魅力领袖　吴孙权　书

康丝曼女子美容会所

康丝曼女子美容SPA会所 一家从事美容美体、修身养颜的专业机构，会所创办于2000年，至今已发展为五家至尊的五星级美容院。会所有一支积极、向上、专业、专注、管理严、技术精的精英团队。总经理、美容大师万琳琳带领这支至尊的专业团队，始终坚持专业奢华、至尊呵护的经营理念，把顾客当上帝，严把护肤产品质量和技术服务质量，贴心为消费者服务，全心打造顾客信得过的品牌美容院。"康丝曼"先后荣获厦门市消费者满意十佳美容院、福建省技术与服务双优美容院、中国美容化妆品业诚信经营美容院、中国优秀美容院、中国化妆品行业优质品牌企业。万琳琳个人连续三届当选行业副会长，荣获厦门美发美容化妆品行业好品牌、好老板、中国美容化妆品业优秀工作者等称号。

康丝曼女子美容SPA会所牌匾　周昌欣　书

康丝曼女子美容SPA会所牌匾　叶水湖　书

台隆金

台隆金 位于同安工业集中区建材物流园45栋。公司成立于1992年，主营茶文化用品。20年来，公司始终坚持诚信第一、质量第一和创新发展的经营理念，致力打造台隆金茶文化用品品牌，通过品牌化经营，使公司从无到有，从小到大，产品迅速从本地销往全省和全国。赢得了广大客户的信赖和好评，也赢得了公司的效益和新的发展。2010年，公司在同安工业集中区投资购置厂房，引进新的设备，添置配送专车。建立了购进原材料、现场加工、成品包装、订单销售、物流配送一条龙生产服务线。使公司朝着规模化、标准化、制度化生产经营方向发展。公司的经营管理水平迈上了新的台阶。经过不懈的努力，台隆金公司将迎来"台高拥海金波广，隆栋连山玉帛丰"的更加美好明天。

台隆金盛牌匾 林志良 书

鸿业永昌 周昌欣 书

天道酬勤 同 山 书

台隆茶巾 黄武疆 书

陈同山 书

汉风堂

  汉风堂 以传统文化服务社会，以弘扬国粹、促进传承、以文养文为宗旨，以展现厦门本土风物、名家字画为主要特色。专门从事对联、诗词、碑铭辞赋创作服务。并有起名改名、毛笔书写、高级闽南话辨读、古诗词吟唱教习业务，承办征联诗活动。

  汉风堂堂主陈力杰，字同山，号樵子，厦门人。中国楹联学会会员、中华诗词学会会员、福建省楹联学会副秘书长、厦门市诗词学会副会长、厦门市楹联学会会长。尤其擅长嵌名联的撰写。为机关、部队、企事业单位、寺宇、家庙、公园、景区、家庭、婚庆、祝寿等撰联无数，赢得社会广泛好评。求他撰写嵌名联者络绎不绝。其参赛作品多次获全国性大奖。2008年中国诗书画研究会授予他"中华吟坛题赠嵌名妙手"荣誉称号。

汉风堂藏品 张承锦 书

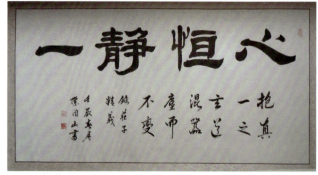

汉风堂藏品 陈同山 书

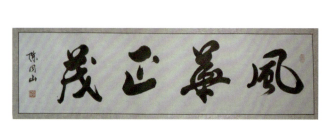

汉风堂藏品 陈同山 书

汉风堂藏品 陈同山 书

汉风堂藏品 谢澄光 书

汉风堂藏品 唐雄先 书

阳舜天民俗文化公司

厦门阳舜天民俗文化有限公司 坚持以服务厦门民俗文化建设为主线，在厦门的博饼文化方面，先后推出中秋鸿运状元碗、鸿运骰子，以及博状元赞和鸿运骰子说明书，有独到的中秋博饼文化理念和内涵。公司还致力于厦门书画和匾联文化的学习、研究与收集，先后由盛世先生编辑出版《名家楹联墨宝》、《厦门名胜楹联集锦》、《厦门楹联大观》等书籍，受到社会的认可和行家的好评。

励志精进　白鸿　书

博学奋进　陈奋武　题

鸿业永昌　叶水湖　题

谦和养真　陈同山　题

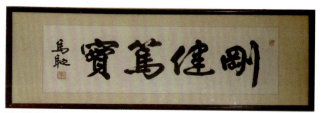

刚健笃实　马驰　书

盛世江山　巫祯来　书

景行维贤　周昌欣　书

厚德载物　高怀　书

泰山颂牌匾　林志良　书

博状元赞牌匾　谢澄光　书

其他品牌企业

厦门华侨大厦（大酒店） 沈 鹏 题

厦门闽南大酒店 沈 鹏 题

厦门市东区开发公司 傅一民 题

军龙威酒业 洪英士 题

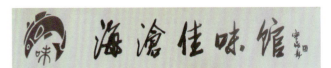

海沧佳味馆 白 磊 题

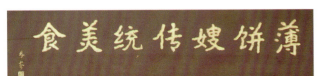

薄饼嫂传统美食 林 岑 题

石壁客家 黄 慎 题

黄金香正祖铺 马 驰 题

五斗堂面馆 谢澄光 题

妙香扁食小吃店匾额

扁食妹小吃店匾额

东方武夷岩茶 谢澄光 书

下关沱茶 罗乃炘 书

云玥弥祺 吕俊瑶 书

民兴商城 谢澄光 题

挺秀茶庄 张家坤 题

宝山茶叶 林锻炼 书

茗普茶庄 王党 书

金御福 谷向阳书

静颖轩 陈健书

泰云春茶业 张天福 题

茗仁茶业 张人希 书

正南轩 罗 钟 书

浔阳艺苑 白 鸿 书

名家画廊 谢澄光 书

紫云阁 朱鸣冈 题

传世艺宫 黄敏惠 题

宏宝斋艺术馆匾额 程十发 题

聚文轩 张铁林 题

南雅 马驰书

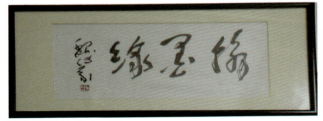

画家春 朱鸣冈 题

翰墨缘 魏传义 题

圣达威 陈羲明 书

蔡氏漆线雕 白 磊 书

东南医药连锁 陈奋武 书

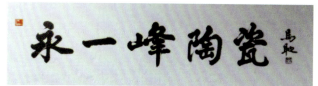

永一峰陶瓷 马 驰 书

火柴天堂 启 功 题

泉舜国医堂 张 海 题

厦门水产集团 石 轩 题

厦门传世艺宫美术馆 沈 鹏 题

鼓浪屿国际刻字艺术馆 沈 鹏 题

厦门银祥实业有限公司 郭勋安 题

编　后

首先，本书不但展现了厦门地区的牌匾，而且还用了几百幅图片、几万文字介绍公园景区、古牌坊、寺庙、宗祠、知名机构和品牌企业。编入图片除个别为单位提供外，均为编者到现场拍摄，文字资料主要摘自《厦门楹联大观》、《同安古牌坊》等书籍，以及单位供稿，景点、寺庙简介，家庙碑志和宗祠族老介绍。

其次，本书编入的是厦门地区部分牌匾，由于编者能力有限，加上篇幅有限，还有许多牌匾未收入本书。

再次，在编辑本书期间，由于本人劳饥过度，不巧发生胃病需要住院治疗，在厦门中山医院胃肠外科手术治疗和继续治疗期间，该科主任刘忠臣，主治医师邱兴烽，住院医师叶志坚、林立等大夫和护士们，把尽快解除病人痛苦、恢复病人身体健康作为自己最大的心愿，针对我的病情周密计划、科学安排、精心治疗、尽心呵护、热心护理，充分体现医术精湛、医德高尚、负责敬业，还有妻儿的精心照料，亲人、亲戚、老乡、朋友的关心关怀，使我较快恢复健康，顺利完成编辑任务。他们是我编辑本书背后的无名英雄，有功之臣，值此本书出版发行之际，谨向他们表示衷心的感谢。

最后，本书的出版得到厦门各有关部门、有关领导的关心、支持和帮助。中共厦门市委原副书记吴风章先生亲自为本书题写书名；福建省旅游协会执行会长、厦门市文化局原局长、厦门市闽南文化研究会荣誉会长彭一万先生为本书作序；中共厦门市委原副秘书长、政策研究室主任洪英士先生，厦门楹联学会会长陈力杰先生为本书编辑出版出谋献策，进行宏观指导；厦门大学出版社蒋东明社长更是厚爱有加，为本书内容的确定和文字编排给予具体指导；洪英士、释则悟、陈秀卿、陈美祥、罗钟、林志良、巫祯来等名家大师为本书各个篇章题名；编入的单位领导，各景点、寺庙、宗祠的负责人和管理人员为编者收集资料、拍摄图片给予大力支持，提供便利；许多行家、知情人士、老乡、朋友都给予多方的关心、支持和帮助；厦门市豪佳兴贸易有限公司、厦门名姿管理有限公司、永春驻厦企业家姚松青先生、闽台民俗文化古镇洪明章先生为本书的出版给予部分资助。值此，谨向他们致以最诚挚的谢意。

编　者

2012年10月

图书在版编目(CIP)数据

厦门牌匾集锦/柯盛世编.—厦门:厦门大学出版社,2013.1
ISBN 978-7-5615-4466-2

Ⅰ.①厦…　Ⅱ.①柯…　Ⅲ.①牌匾-厦门市-图集　Ⅳ.①K875.42

中国版本图书馆 CIP 数据核字(2013)第 021642 号

厦门大学出版社出版发行
(地址:厦门市软件园二期望海路 39 号　邮编:361008)
http://www.xmupress.com
xmup @ xmupress.com
厦门金百汇印刷有限公司印刷
2013 年 1 月第 1 版　2013 年 1 月第 1 次印刷
开本:889×1194　1/16　印张:22.5
字数:538 千字　印数:1～1 500 册
定价:218.00 元
本书如有印装质量问题请直接寄承印厂调换